大众传播与国际关系

程晓勇·主编

MASS COMMUNICATION
and
INTERNATIONAL RELATIONS

时事出版社
北京

图书在版编目（CIP）数据

大众传播与国际关系/程晓勇主编 . —北京：时事出版社，2022.7
ISBN 978-7-5195-0497-7

Ⅰ.①大… Ⅱ.①程… Ⅲ.①大众传播—研究②国际关系—研究
Ⅳ.①G206.3②D81

中国版本图书馆 CIP 数据核字（2022）第 106115 号

出 版 发 行：时事出版社
地　　　　址：北京市海淀区彰化路 138 号西荣阁 B 座 G2 层
邮　　　　编：100097
发 行 热 线：(010) 88869831　88869832
传　　　　真：(010) 88869875
电 子 邮 箱：shishichubanshe@sina.com
网　　　　址：www.shishishe.com
印　　　　刷：北京良义印刷科技有限公司

开本：787×1092　1/16　印张：12.75　字数：150 千字
2022 年 7 月第 1 版　2022 年 7 月第 1 次印刷
定价：78.00 元
（如有印装质量问题，请与本社发行部联系调换）

暨南大学青年教师编写教材资助项目

前　　言

　　国际关系是超越国家界限的特殊社会关系，是国际行为主体之间各类关系的总称，它包括但不限于政治关系、经济关系、军事关系、民族关系、文化关系、宗教关系、地域关系、人员流动关系等。目前，在我国，国际关系是政治学科的一个重要范畴，但国际关系研究除了关注政治以外，也和经济、历史、法律、地理、社会、民族、心理、文化等学科和领域的研究有着紧密的联系。事实上，自1919年国际关系学科正式成立以来，便一直在借鉴和吸收着其他学科的理论、概念与方法，并在与临近学科的互动中不断发展。随着时代的变化，国际关系研究从传统的聚焦于领土争端、国际安全、军备控制与裁军、国际危机、经济合作等"高级政治"问题，到现在越来越关注国际治理、国际组织、恐怖主义、民粹主义、难民问题、人权问题、气候变化、文化交流与文明冲突、国际移民等跨国新兴议题。但是无论以上的哪一类议题，从普通民众到专业学者，甚至是政府机构对这些问题的了解、关注、意见反馈和决策都离不开大众传播这个渠道。特别是随着通信技术的飞跃，移动互联网、云计算、人工智能、大数据、下一代通信网络等新理论和新信息技术的发展，使得跨越国家疆界的信息流动日益迅捷。在以实时性、公开性、参与性为特征的21世纪媒介环境下，大众传播对国际关系的影响和作用将日益显现。当然，反过来国际政治、经济、安全、文化等领域内的变化，也对大众传播的发展和面貌起着重要的塑造作用。

编者接触大众传播与国际关系这一跨学科的研究领域始于2014年，当年编者刚到暨南大学国际关系学院任教，从学院一位即将退休的老师手中承接了"大众传播与国际关系"这门课程。随后的几年，编者在授课过程中深切体会到这门课程的跨学科性。"大众传播与国际关系"这门课程需要把国际关系、新闻传播、语言学、广播电影电视艺术等多个学科的知识结合在一起，探讨大众传播和国际关系的相互作用与影响。这门课程的教材须从跨学科视角对国际关系进行涵盖政治、经济、军事、文化等方面的整体性研究，所讲授的知识体现全面性、综合性和交叉性，更重要的是实现多学科知识的深度融合。国内相关方面的既有教材，各有侧重和特色，但大多数的编著者来自于新闻和传播学科，更多的是立足于新闻和传播学的立场、角度和学科范式。编者在授课过程中，先后组合使用了几种教材，师生从中均获益匪浅。但由于国际关系学科的理论体系和知识范畴同新闻学与传播学有很大的不同，因此编者也经常结合当年的国际热点问题组织授课的内容。

在授课一年后，编者申请了暨南大学的教学改革项目——"跨学科课程教学方法创新与实践：基于'大众传播与国际关系'课程的探索"，以教改项目为依托，编者进行了多方面的尝试，力图对国际关系跨学科课程的教学方法进行探索与实践。按照本人申请教改项目时的设想：拟解决国际关系跨学科课程中存在的有学科交叉但知识融合深度不足、重理论轻实践等问题。探索一种多学科知识深度融合的课程内容设置模式，以及以师生互动教学、案例教学、实践教学为中心的授课模式，解决国际关系跨学科课程教学中有学科交叉无学科融合，重理论轻实践，知行转化不畅的局面。在教改项目实施过程中，本人和学生们向着这样几个目标努力：（1）注重多学科融合以及学生融会贯通能力的提高，核心目标是在引导学生充分了解与掌握国际关系和交叉学科基本理论的同时，综合各类学科知识，能够对当今国际政治、经济、军事、文化现象与国家外交做出科学理性的分析与评判。（2）注重课程的实践性和教学方法的多样性，强调互动教学、案例教学在国际关系跨学科教学体系中的重要地位，增加实践课时，把实践性作业及评价作为课程建设的重要途径。运用生动形象的多样性互动教学形式，开展课堂理论教学与实践教学相结合的两步教学法。教学方式有课堂讲授与课外辅导、学生论文、分组专题讨论、参观媒体机构，邀请从事国际报道的媒体从业者与学生进行交流或者开设专题讲座等。（3）对教师和学生的角色提出了由单一型向综合型转换的要求。教师不再仅仅是知识的传授者、课程的执行者和唯一的指导者，同时也是多元知识的汲取者；学生也不仅仅是知识的被动接受者，而是课程生成的合作者。进一步强化教师与学生的课程意识，赋予教师和学生课程内容与授课方式的自主权，构建师生共同分享彼此价值、沟通思想、同伴互助的合作式教学文化。

　　从几年来教师与学生的课堂互动、平时作业完成情况以及课程论文等几个方面的具体效果来看：一是基本上实现了跨学科课程教学中要体现学科的交叉性、知识的时代性、教学方法上的实践性等目标。在一定程度上改变了"大众传播与国际关系"这门跨学科课程学科界定模糊、学科融合不深、重理论轻实践技能的现状。二是在一定程度上探索了单一学科背景的教师如何适应跨学科课程的教学与实践。具体到"大众传播与国际关系"课程上，即探索国际关系学科背景的教师（编者）如何将新闻传播学的理论、知识以及实践特色纳入到国际关系知识体系中。三是培养学生在掌握两个学科知识的基础上科学理性地认识与分析媒介化国际关系现象的能力。

尽管如此，编者讲授的这门课程距离成熟和"与时俱进"还有很大的距离，特别是距离国内外其他院校开设的类似课程还有着相当大的差距。特别是随着课程的持续和深入，编者愈加认识到自己学科背景的不足和局限，除了努力扩展自己的知识体系以外，未来组建教学团队或许是解决问题的一个路径。另外，始终缺乏适合自己的教材也是一个缺憾。总体上看，目前国内尚无根植于国际关系学科土壤，并且深度融合国际政治、新闻传播学知识的"大众传播与国际关系"教材，因此授课教师在参考了大量新闻传播学的教材和国际关系学相关教材基础上，自行组织编写了"大众传播与国际关系"课程的授课材料。在实际的授课体验中，教师本人感受自编授课教材具有适用性好和贴近学生的特点；学生反馈自编授课材料的知识综合性较好、贴近时代且有趣味性。在连续几年的授课实践中，教师根据每学期的授课情况和学生的反馈意见及时修订授课材料，密切追踪相关交叉学科的最新发展情况，在授课材料中及时反映新闻传播学和国际关系学科发展的前沿情况。基于以上这些条件，2018年，编者申请了暨南大学青年教师教材项目，在项目获批后，编者感受到这绝非一个容易完成的任务。一本优秀教材的编写需要对学科某领域历史发展及前沿动态有全方位的掌握，需要有足够多的知识储备。此外，编写教材还需要通过调查、收集信息进行教材内容的开发制订，调查的主要对象应当包括选修过这门课和尚未上过这门课的学生，充分了解学生对知识发展、技能训练方面的需求，以保证教材的实用性和适用性，当然，更重要的是如何在前人的基础上继承、发扬和创新。在编写本教材的过程中，有幸得到了几位同事和学界朋友的协助，他们愿意贡献自己的相关研究成果，这很好地弥补了编者的知识缺陷，为本教材的顺利编写打下了良好的基础。

虽然本书源于教材项目，但编者未按照传统的教材体例进行编写，而是把它作为一部大众传播与国际关系这一交叉领域学术研究成果的集合，这也使得本书的主题和内容显得有些离散和庞杂，但这也恰好符合本书所涉及内容的特点——纷繁复杂的国际关系和媒体在其中所扮演的不同角色。

本书得以完成和顺利出版离不开暨南大学国际关系学院领导、同事和学生的支持。暨南大学国际关系学院的多位同仁对本书的一些理论观点和实际问题给予了宝贵的意见，其中张云教授为本书贡献了自己的研究成果。暨南大学新闻学院马立明副教授也慨然应允本书收录他的相关研究成果。当然，本书也参考和借鉴了国内外许多学者，包括新闻从业者的相关研究成果，在此向他们表示诚挚的感谢！此外，感谢察哈尔学会和《公共外交季刊》对"大众传播与国际关系"课程建设的支持。察哈尔学会寄给编者50本韩方明先生主编的《公共外交概论》，该书作为课程的重要参考书，深受学生们的喜爱与好评。

全书在征求部分学界同仁意见的基础上，由本人起草大纲、拟定框架和负责统稿工作。各章节分工如下：第一章：程晓勇、张云；第二章：张云；第三章：钱锦；第四章：马立明；第五章：程晓勇；第六章：程晓勇、柯逸星。我还要感谢所有选修过"大众传播与国家关系"这门课程暨南大学国际关系学院的学生，本书中的许多内容来自于师生之间教学相长，特别要感谢尚轩竹、钟昊、韩昊玮三位同学，他们的毕业论文选择了大众传播与国际关系相关的研究主题，在论文中体现了对大众传播与国际关系的理解。征得三位同学的同意，本书收录了他们毕业论文的主要部分，这使得本书的内容更加丰富。

本书的出版得到时事出版社肖书琪女士的支持，她高效率的工作作风和爽朗的性格让我们之间的沟通异常顺畅。最后，本书乃一家之言，编者在本研究领域的涉猎尚不精深，难免存在缺漏或疏误，恳请大方之家和读者不吝赐教。

程晓勇

2021 年 12 月 30 日于广州暨南园

目 录

第一章 大众传播与国际关系的相互影响 …………………（3）
  第一节 大众传播发展简史 ……………………………（2）
  第二节 大众传播与国际关系的渊源 …………………（6）
  第三节 大众传播对国际关系的影响：以美国
           "公民社会"形成及独立革命为例 …………（18）

第二章 当代国际关系中的跨国传媒 ………………………（33）
  第一节 "跨国传媒"内涵分析 …………………………（33）
  第二节 "跨国传媒"的"全球市民社会"特征 ………（37）
  第三节 "跨国传媒"与民族国家 ………………………（43）

第三章 互联网与国际关系 …………………………………（51）
  第一节 互联网的起源与发展 …………………………（52）
  第二节 "互联网+"时代的新媒体与传统媒体 ………（56）
  第三节 互联网与国际关系 ……………………………（71）

第四章　大众传播与世界政治中的民粹主义……………（119）
　　第一节　民粹主义及其对驱动下的网络抗争…………（119）
　　第二节　案例：萨帕塔运动及其分析框架……………（130）

第五章　大众传播与国际战争……………………………（146）
　　第一节　大众传播与战争之间的关系…………………（147）
　　第二节　大众传播与战争中的舆论引导………………（151）
　　第三节　大众传播与战争宣传…………………………（157）

第六章　大众传播与国际大众文化………………………（169）
　　第一节　大众文化的概念………………………………（170）
　　第二节　国家与大众文化………………………………（172）
　　第三节　跨国公司与大众文化…………………………（179）
　　第四节　个体与大众文化………………………………（185）

第一章

大众传播与国际关系的相互影响

当今世界的权力结构和权力来源发生了巨大的变化，其中一个重要的变化就是伴随着全球化的发展和信息传播技术的飞跃，国际社会各个领域的联系和相互影响以前所未有的深度与广度进行着，并促发了国际政治、经济、军事、文化等主要领域及其基本元素与信息传播活动之间的相互依赖和相互渗透，国际关系已经越来越难以脱离对信息传播的依赖性和规定性。作为国际关系的重要组成部分，大众传播在深受国际格局变动影响的同时，也反作用于国际关系的基本面貌及发展，特别是在信息化时代，由于传播主体日趋"大众化"以及高速度、大容量和开放性信息传播渠道的开通和普及，国际社会的传播已经不再是一个国家对另一个国家的点对点式传播，而是成为全球一体化信息平台上的传播。这一变化对国际关系产生了深刻影响，无论是国际事件的"定义"、国际议题的设置、国家影响力的扩展、国际关系运行的透明度以及参与性都离不开大众传播的参与。不仅大国高度重视大众传播对国际关系的影响，新兴市场国家也普遍进行着国际传播力的建设和参与国际传播效度的竞争。从二战以来西方国家针对苏联及东欧国家进行的政治宣传，以及冷战结束后国际政治传播格局及其所对应的国际话语权来看，大众传播在国际关系中的作用不容忽视，而且随着传播手段的不断进步和传播技术的日新月异，大众传播在国际关系中的作用与影响还将进一步凸显。

大众传播对国际关系究竟产生了哪些影响以及施加了何种作用？在这个过程中发挥作用的机制是什么、路径是什么？国际关系中的何种力量以何种形式，在何种程度上影响了大众传播？这种影响很可能是两个方向，即它促进或者制约了大众传播的发展以及大众传播的具体形态。在全球化时代，在国际联系越来越密切的今天，如何透过媒介化的国际事件，透过国际传播所传递的信息看清楚国际问题的真实情况，以及它们背后所蕴含的国际政治意味，是媒介化的国际关系带给人们的思考题。

第一节　大众传播发展简史

从根本上说，大众传播的本质是人类社会中信息在较大范围的传播过程。在这个过程中，信息传播介质的演化起到了至关重要的作用。从人类社会的发展历程来看，在人类社会产生后，基于生存和生产协作的需要，产生了早期的信息传播活动。文字出现以前，早期人类原始社会主要用口语进行信息的传播，信息传播的介质是语言。人们在室内或者室外集合在一起，通过聚集这种方式，用口语把信息传递给受众，这实际上就是最初的传播，当然这还不是严格意义上的大众传播。根据人类学家的研究，这个时期开始于距今9万年到4万年前。但口语传播作用距离短、效率低、不可靠。为了解决口语的局限性，人类进一步发展出新的信息传播与交流方法，在文字出现前，曾经出现过两类方法：一类是实物记事表达信息，另一类是图画记事表达信息。随后文字出现，最早的一些文字是图形象形文字，比如五千多年前出现在西亚两河流域地区的文字，这些文字刻写在石头和泥版（泥砖）上，笔画成楔状，颇像钉头或箭头，被称为楔形文字。在古代中国，三千多年前出现了最早的成系统的文字——甲骨文。几千年以来，文字在世界不同的文明地区经历了复杂的演化而逐渐成熟。文字传播的优点在于：文字能够长久的保留信息，为当代和后代留存了确信可靠的文献依据。无论是将文字刻在石头上、木片上，还是动物的甲壳和骨头上，都可以较为长久的保留下来，不但可以给同时代的人传递信息，还可以将信息传递给后世的人。此外，文字还能够长距离地传递信息，扩展了人类交流和社会活动的空间。文字的发明是人类信息传递的革命性事件，此后随着纸张与印刷术的发明，人类真正进入了我们今天所说的大众传播时代。

16世纪末，西欧地区开始出现了不定期的印刷品，这些印刷品以书本形式出现，内容为报道一些比较重要的社会事件，因此被称为新闻书。新闻书与报刊相比：形式内容上，虽有刊名，但出版日期不固定、出版间隔很长，新闻迟缓，时效性不高；受众方面，没有固定订户，只在市场上像其他书一样公开出售；出版者多为印刷商，以印刷其他书籍为主，附带出版自己编写的新闻书。而现代意义上的大众传播，产生于17世纪初期，它随着封建社会母体内资本主义因素的不断增长而产生和发展起来，以报纸的出现为标志。1663年德国莱比锡出版的《莱比锡新闻》，被认为是世界上最早的印刷日报。随后在1665年，英国的《牛津公报》问世，这是世界上第一个采用单页两面印刷的报纸，全是新闻，没有评论，"newspaper"一词自此开始。1702年，伦敦出版《英国每日新闻》，按日出版，四开纸，两面印刷，成为现代日报的始祖。近代报纸产生后，在许多国家出现了数以百计甚至数以千计的报刊，这些报刊竞相以其提供给大众的内容开展竞争。西方报刊的发展随着资本主义制度的确立和社会政治经济的发展，也发生过几次明显的过渡时期。在资产阶级革命时期，作为大众传播工具的报纸显然不可能置身事外，各个政治力量纷纷占领舆论阵地，利用报纸宣传自己的政治主张。政党报纸存在时间并不长久，很快报纸就恢复到自己的本分工作：为社会大众传播各类社会信息。政党报纸不久就过渡到大众报纸。

  18世纪后期至19世纪中期，欧美主要国家先后发生了工业革命，这场革命带来了经济、政治、文化的飞速发展，使各个地区、国家之间的交往和联系日益密切，人们对国外信息的需求也大为增加。对信息的需求和信息大范围传播的可能性，使报业发展获得了前所未有的空间，出现了大量的廉价报纸，以满足普通民众的要求。与之并存的还有像《泰晤士报》这样的"独立而有权威"的报纸，与廉价报纸不同的是，它提倡真实记录、客观报道的原则，致力于提供政治、经济等方面的硬新闻，读者对象主要是政界、工商界和知识界人士。这些报纸出现以后，很快成为社会各阶层获得国内信息的主要渠道，发行量达到几万份、十几万份甚至几十万份。为了满足读者对国外信息的需求，一些报纸开辟了国际新闻栏目或版面，专门报道国际新闻事件。这一时期大众传播的发展大大促进了人们的交流，也促进了国家间的交流，并对国际政治产生影响。例如在1853年至1856年的克里米亚战争中，《泰晤士报》一方面募集资金救助伤员，同时揭露并抨击政府的疏漏最终导致内阁垮台，远征军总司令被撤职，报纸也因而备受推崇，声望达到了顶点。

电台广播是第一个电子媒体，也是第二个大众传播媒体。特别是无线电通信技术发明之后，电台广播得以迅速发展起来，其价格低廉、信息量大、速度快和传播范围广，并在短期内能取得较大的轰动效应，因此电台广播迅速成为主流的大众传播方式，受众广泛。并且，在国际政治生活中，它也发挥了不可替代的作用。在第一次世界大战中，广播电视就运用于国内动员和对国外宣传，到冷战时期，电台广播的对外宣传发展到了顶峰。

电视是现代电子技术高度发展的产物，也是20世纪人类最伟大的发明之一。它通过光电转换系统传递图像和声音，具有声像兼备、生动直观的特点。电视的介入，使国际社会的传播从形态到内容都发生了深刻的变化。电视问世之初，美国就认识到将美国电视技术标准推向国际化的重要战略意义，花费了很大的力气将美国的电视技术标准推广为国际标准。当然，随着时代的发展，电视制作技术标准的重要性已经被传播内容所取代。中国改革开放初期，随着中日两国关系的改善，中国一度流行日本电影和电视剧。近年来，随着中韩政治经贸关系的密切，韩剧在中国流行，无形间拉近了中韩两国青年人的感情，以至于在中韩两国重要的外交场合上，两国领导人也曾经拿韩剧作为花絮活跃气氛，这从一个侧面反映出它对国际社会、国家间关系的重要影响。直到现在，电视仍然是影响人们的一个重要传播媒介，发挥着不可替代的作用。

国际互联网是冷战时期的产物。在以美、苏为首的两大政治集团的对峙中（20世纪60年代），美国国防部为了避免集中式的指挥控制网络遭到敌方的攻击，就研制开发出一个新的计算机网络，这一网络最大的特点就是没有一个固定的核心。互联网的兴起，使大众传播发生了巨大变化，从而对人们的生活，乃至整个国际关系产生了深刻影响。在互联网时代，由于传播主体的"大众化"以及高速度、大容量和极具开放性的信息传播渠道的开通，国际社会的传播已经不再是一个国家对另一个国家的传播，或一部分国家对另一部分国家的传播，而成为全球一体化信息平台上的传播。从以上内容可以看出，大众传播在国际政治中的作用是不容忽视的，随着传播手段的不断进步和传播技术的不断发展，大众传播在国际政治中的作用将更加凸显。[①]

第二节 大众传播与国际关系的渊源

在国际关系研究中，凡考察现行国际体系，一定会追溯到威斯特伐利亚体系。现行国际体系的最基本要素——主权国家作为国际关系的基本行为主体，就缘起于威斯特伐利亚体系。尽管经过300多年的发展与演变，现行国际体系已经同威斯特

---

① 张树秀：《当代国际政治中的大众传播因素》，山东师范大学硕士学位论文，2011年。

伐利亚体系有了很大的区别，但是主权国家作为国际关系的基本行为主体直到今天仍没有根本性的改变。催生威斯特伐利亚体系的是欧洲三十年战争。1618年，欧洲发生了一场涉及多个国家的大规模战争，这场战争持续了三十年之久。战争的起因是统治着德意志地区的神圣罗马帝国内部基督教两大教派——天主教和新教之间的矛盾激化，各邦国结成了天主教联盟和新教联盟。神圣罗马帝国之外的国家出于本国利益，或支持新教联盟，或支持天主教联盟。宗教信仰之争与王朝现实利益纠缠在一起。几乎欧洲所有重要国家和势力都卷入了这场战争，残酷的战争使双方都损失惨重，战争结果是新教联盟略占优势，最后天主教联盟止战求和，双方在德意志北部的威斯特伐利亚举行了和谈会议。参加这次和会各方包括统治西班牙、神圣罗马帝国、奥地利的哈布斯堡王室和法国、瑞典以及神圣罗马帝国内勃兰登堡、萨克森、巴伐利亚等诸侯邦国。和会于1644年开始，历经4年于1648年10月24日正式签订了《威斯特伐利亚和约》。条约的主要内容包括：重申1555年的《奥格斯堡宗教和约》和1635年的《布拉格和约》继续有效；哈布斯堡皇室承认新教在神圣罗马帝国内的合法地位，同时新教诸侯和天主教诸侯在帝国内地位平等；神圣罗马帝国内阁诸侯邦国可自行订定官方宗教，其中归正宗加尔文教派获帝国承认为合法宗教；神圣罗马帝国内阁诸侯邦国有外交自主权，唯不得对皇帝及皇室宣战；正式承认荷兰和瑞士为独立国家；哈布斯堡皇室的部分外奥地利领地被迫割与法国、瑞典和部分帝国内的新教诸侯；法国得到洛林内梅林、图尔、凡尔登等三个主教区和除斯特拉斯堡外整个阿尔萨斯；瑞典获取西波美拉尼亚地区和维斯马城、不来梅—维尔登两个主教区，从而得到了波罗的海和北海南岸的重要港口；普鲁士获得东波美拉尼亚地区和马格德堡（Magdeburg）主教区；萨克森获得卢萨蒂亚（Lusatia）地区；普法尔茨（Palatinate）公国一分为二；信奉天主教的上普法尔茨与巴伐利亚合并；信奉新教的下普法尔茨（莱茵兰-普法尔茨）维持独立；神圣罗马皇帝选举不得在现任皇帝在世时进行，以免皇帝干预，影响结果；法国和瑞典在神圣罗马帝国议会有代表权，巴伐利亚公爵被封为选帝侯。

威斯特伐利亚体系是历史上第一个具有现代意义的国际关系体系，它所具有的划时代意义在于以下几个方面：其一它开创了用国际会议的形式解决国际争端、结束国际战争的先例，以后这种形式便成为惯例。其二它通过承认德意志数百个诸侯国的主权，确立荷兰和瑞士的独立国家地位，实践了从文艺复兴时期就已经出现的一些国际关系的基本原则，即国家主权平等、国家领土和国家独立等原则，并将这些原则规定为近代以来国家关系的基本准则，也是近代国际法的主要原则。其三它创立并确认了国际法中缔约国对条约必须遵守，违约国应被视为和平的破坏者，其他缔约国可以对违约国进行集体制裁的原则，使之成为国际法的基本原则。其四它通过承认德意志各诸侯国的主权，以及承认新教和天主教享有同等权利的方式，进一步承认了国家主权的统一性、不可分割性和独立性，使世俗的主权国家统治体制得到加强。其五它确立了国家之间常驻外交代表机构，这一制度首先在欧洲普遍实行，为主权国家之间经常性的外交提供了制度上的便利。

威斯特伐利亚体系所确立的有关国家主权和国际关系的原则是现代国际法的基础，但是这个体系不具有全球性，更多地带有欧洲国际关系体系的特点和色彩，所展现的更多的是欧洲的国际秩序。《威斯特伐利亚和约》改变了欧洲政治力量对比，削弱了几个庞大的王朝，使得欧洲出现了为数众多的独立的主权国家，奠定了此后几百年欧洲的基本格局。条约最重要的一条就是规定每一个神圣罗马帝国的邦国都享有主权，可以独立地从事对外交往，包括宣战和媾和。后来这些内容被不断发扬光大，逐渐演变成了国家主权原则，在国际关系史上意义重大。此前，所谓的"国家主权"是不明确的。那些帝国、王朝，可以无限地扩张管辖范围，"国家"之间的所谓"边界"可以随时改变。各王朝为了争夺领土、财富，不断地发动战争。征服与被征服是欧洲国际关系的常态。此外，宗教在欧洲的政治生活中占有十分重要的地位，神权与皇权经常发生冲突。三十年战争后，在欧洲，世俗的权力得到加强，特别是国家的领土相对地固定下来了。法理上，各国在领土主权及其他主权上是平等的，应当相互尊重。如果发生一国侵犯别国领土之类的涉及主权的事情，就是违反了"国际法"，这确定了国际关系中应遵守的国家主权、国家领土与国家独立等原则，这些原则直到今天仍然是国际关系的基本准则。从条约的内容可以看到，曾经一统天下的神权世界已经不可避免地趋于瓦解，民族国家开始登上历史舞台，国家之上不再有任何权威，国家主权至上的国际基本原则被确立。

虽然《威斯特伐利亚和约》签订后，欧洲战乱频仍，但这些战争都是民族国家之间为了各自国家的利益而战，不再有中世纪般为了某一所谓神圣原则而发生的战争。而且在自《威斯特伐利亚和约》以来直至20世纪的绝大多数战争中，《威斯特伐利亚和约》所确定的国际关系原则对战争的进程及结果均产生了不可忽视的影响。此后无论各国发动战争的真实原因是什么，从战争中捞到多少好处，在表面上它们都信誓旦旦地忠于主权和平等的原则。《威斯特伐利亚和约》之后，国际关系继续不断发展，为了解决各国之间的矛盾和争端，建立一个相对合理的世界秩序，各国又签订了许多和约、条约，建立了各种体系和国际组织，包括19世纪初拿破仑帝国崩溃后，以英、俄、奥、普为首的战胜国通过召开维也纳会议在欧洲大陆上建立的新均势体系——维也纳体系，以及后世的凡尔赛-华盛顿体系和雅尔塔体系等，并在二战后建立了联合国，但是这些体系和国际组织的基本原则，都没有超出《威斯特伐利亚和约》规定的国家主权和平等的范围。特别是源自于威斯特伐利亚会议所确立的国家主权原则延续下来，成了现行国际体系的基石。正因为如此，国际关系学界公认《威斯特伐利亚和约》确定了现代国家制度，是近现代国际关系的开始。

此外还有一些威斯特伐利亚合会创立的制度为后世所沿用，比如实行集体制裁（《威斯特伐利亚和约》初次规定了缔约国不得破坏和约条款，对违约国家可以实行集体制裁）。又如外交代表机构制度（在欧洲开始确立常驻外交代表机构的制度，各国普遍设立驻外使节，进行外事活动）。和约中还提到了宗教自由原则，新教教徒因此具有与天主教教徒相同的权利。宗教平等原则成为和约国际保证的一部分。还有对人权的关注，不仅提出了现代意义的战俘问题，并且提出了解决问题的建议。当然，在签订《威斯特伐利亚和约》的时代，主权原则仅限于欧洲，更确切地说是限于欧洲大国及部分小国。已经盛行了100多年的殖民主义仍在继续，广大的殖民地并没有主权。就是在欧洲，也经常上演小国被瓜分的剧目，比如波兰就三次被周围的三个大国所瓜分。在殖民主义、帝国主义和强权政治时代，国家主权原则不可能被有效践行。随着人类文明的进步和国际体系的演进，一方面，主权国家越来越多，现在全世界已经有近200个主权国家，即联合国正式成员国；另一方面，威斯特伐利亚和会以来确立的国家主权原则也在不断地改善，尤其是联合国成立之后的70多年来，大国损害小国主权的事情虽然还时有发生，但那种公然侵占、分割别国领土的恶性事例趋于减少，众多的小国并不会因为贫弱就被强国肆意欺凌。虽然20世纪后半叶以来，随着全球化大潮及区域一体化的冲击，国家主权受到侵蚀，各种非国家行为体越来越活跃，影响也趋于增大，但是主权国家作为国际体系基本行为主体的状况并无本质变化。所有国家都将主权视为最根本、最核心的国家利益，尤其是领土主权。当今世界面临的诸多问题，无论是战争与和平，还是发展与治理，抛开主权国家，都无从谈起。①

威斯特伐利亚体系是近现代国际关系的开始，那么威斯特伐利亚体系之前的世界是一种什么样的"国际关系"？按照著名历史学家斯塔夫里阿诺斯的代表性观点，1500年以前的世界是彼此相互隔绝的，世界历史是"地区性"的。② 在地区性的世界历史中，存在的是"地区性"的帝国及其附属国，以西方的罗马帝国和大致同时代的东方的秦帝国、汉帝国为例，这些帝国之间没有直接的地缘联系，它们周边没有平等的国家，在已知世界中不存在可以抗衡的、平等的国家。在西方世界，罗

---

① 刘建飞：《威斯特伐利亚体系：现代国际关系的开端》，《学习时报》2020年1月10日。

② 参见［美］斯塔夫里阿诺斯著，董书慧、王昶、徐正源译：《全球通史》，北京大学出版社2005年版。

马帝国崩溃后，欧洲始终未能统一，中世纪欧洲的权力架构体制是根基于模糊的宗教等级制度上。帝国、王国、公国、各级封建领地都拥有各自的权力并相互制约。更关键的是各个国家的君主之上还有一个教会，教会统治精神世界，在某些地区教会甚至直接统治世俗生活。各个国家的臣民对教会的效忠胜过君主，某种意义上，个人所属的国家和地区只不过是一个人肉体上的暂住地而已，精神上的归属才是最重要的。随着威斯特伐利亚条约的签订，欧洲的国际关系面貌发生了根本性的变化，《威斯特伐利亚和约》确立了主权的概念，主权意味着一片土地上的统治者或君主将不会认可任何在其领土之内地位同等和更高的权力存在，各个国家的臣民逐渐的将效忠的对象唯一化为本地区、本民族。《威斯特伐利亚和约》促成了民族国家的崛起，以及外交和军队的制度化。此后欧洲国际关系的主体完全不同了，教会彻底退出了国际关系舞台，从占有欧洲3/4的土地逐渐退缩到梵蒂冈。君主制国家也发展为现代民族国家，条约体系逐渐成为欧洲国家之间的主要国际交流体系。同时，殖民体系成为欧洲国家在与其他弱小部族交往时的主导体系。对于生活在欧洲的个人来说，近现代欧洲是由一个一个的主权国家所构成，人们的首要身份认同是民族国家认同，强调的是"我是法国人，你是德国人，他是英国人"，当然，二战以后随着欧洲一体化建设和欧盟的成立，"欧洲人"的观念也逐步形成。

在东亚地区，则是形成了一种等级制网状政治秩序。公元前221年秦朝统一中原地区之后，建立起了严格意义上的中央集权制帝国。当时，在整个东亚和东南亚地区，除了匈奴之外，并不存在可以与秦以及其后继的汉朝政权全面抗衡的政权。因此，除了以"敌国"身份对待匈奴之外，中原帝国便开始将先秦时期的畿服体系推广至已知的世界中去。在汉武帝击败匈奴开通西域之后，由于在已知世界中不存在可以抗衡的对手，以中国中原王朝为中心的朝贡体系正式得以确立。在朝贡体系中，中原政权和其他诸国以"册封"关系为主，即各外国需要主动承认中原政权的共主地位，并凭借中央政权的册封取得统治的合法性。这种政治秩序经历了汉唐宋元明清两千多年，中国由于文明程度高、国力强盛、疆域辽阔、庞大的人口和发达的经济而在这个体系中居于中心地位。中央王朝的世界观是一种"天下"的概念。直到19世纪，朝贡体系受到西方坚船利炮的冲击，一些国家沦为西方国家的殖民地，殖民体系成为欧洲国家在与其他弱小部族交往时的主导体系；一些国家则走上了现代民族国家的道路。欧洲的国际政治制度经由殖民地和其他非殖民地的民族国家，流传至美洲、非洲和亚洲。最终当代国际关系在历经二战后席卷广大亚非拉地区的民族独立解放和运动后终于确立。

回顾了现代国际关系的演变过程，不免带来这样一个错觉，就是几百年甚至上千年的国际关系到威斯特伐利亚和会后就立即改变了，至少似乎对于欧洲而言是这样。但研究国际关系需要对各种因素都有所考察，不能忽视在对历史进行宏大叙事中其他一些因素的影响。威斯特伐利亚和会后国际关系发生"质变"之前有一个"量变"的过程。这个量变首先是人们思想意识的变化，是很多重要社会观念的变化，而人们思想意识、社会观念的变化是新的知识和思想普及的过程。起先是一些思想家贡献了他们的超越时代的思想，这些知识和思想逐渐被更多的人所认识，无论是醍醐灌顶式的欣然接受，还是潜移默化式的逐步渗入,都离不开大众传播在其中起到的作用。以欧洲为例,正是由于 17 世纪中期印刷术和造纸术的发展,使得接受教育的人群数量迅速增长。各种印刷品将科学知识、信息和启蒙思想更为广泛的传播开来,扩大了启蒙运动的影响,从而对国内政治与国际关系等上层建筑产生了潜移默化的影响。以民族主义的兴起而论,大众传播在现代民族国家兴起的过程中曾起到过重要的推动作用。从历史发展角度看,民族主义和民族国家的兴起,恰好与印刷传媒的发展同步进行。大众传播无论是在凝聚民族认同、宣扬民族主义,还是构建民族国家方面,都起到了推手的作用。

"印刷机彻底改变了个人获取的事实,记录其他人的思想和遥远文化的方式,'一便士即时邮'改变了我们从朋友处获得新闻和我们与其他团体进行通信的方式,电话改变了我们谈话的方式,并扩大了可相互切磋问题的联系人的范围。互联网所改变的不仅概括了这一切,而且还将远胜于此。"本尼迪克特·安德森在《想象的共同体》一书中对民族国家的起源做出了经典解释。在安德森看来,印刷媒介的普及和发展,为民族国家的想象提供了可能。"原因何在?"本尼迪可特·安德森在书中写道,因为"印刷使得越来越多的人得以用深刻的新方式对他们自身进行思考,并将他们自身与他人关联起来"。这段话实质上点明了印刷品这种大众传播介质是孕育"同时性"观念的关键,在"想象的共同体"形成的过程中,印刷媒介发挥着非常重要的作用。我们可以举例来说明大众传播在促进现代民族国家产生中所起的作用。

印刷语言以三种不同方式奠定了民族意识的基础:在拉丁文之下,在方言之上创造了统一的交流与传播的领域;印刷资本主义赋予了语言一种新的固定性；印刷资本主义创造了和旧的行政官方语言不同的权利语言。资本主义、印刷科技与人类语言宿命的多样性这三者的重合，使得一个新形式的"想象的共同体"成为可能。

以北美独立战争为例，北美独立运动期间享有盛名的宣传鼓动家托马斯·潘恩曾经在费城担任《宾夕法尼亚杂志》的编辑，是不折不扣的新闻界人士。当时，正值北美人民反英独立斗争风起云涌，但人们的君主制观念还根深蒂固，独立战争时期许多著名的政治家，起初都是自足于为北美地区争取更多的自由，从英国独立尚未成为共识。在这样的形势下，潘恩发表了为他博得后世声誉的一本小册子，名为《常识》。这本小册子痛斥了世袭君主的罪恶，公开提出美国独立革命的问题，号召北美人民完全脱离英帝国，成为自由独立的国家，并竭力强调革命之后建立共和政体。潘恩这篇文章，成了独立战争时期人民大众的教科书。《常识》发表后不到3个月，发行量达12万册，后来累积总销售量达50万册以上。当时北美居民有200多万人，《常识》流传之广，几乎每一个成年男子都读过或者听别人谈论过这本小册子。在当时的许多乡村茅舍，如果只拥有一本藏书，一般来说是《圣经》，如果拥有第二本，那很可能就是《常识》。据说在前线与英军作战的许多大陆军士兵的背囊中，都有一本读得皱巴巴的《常识》。一家英国报纸为此惊叹："《常识》无人不读。凡读过这本书的人都改变了态度，哪怕是一小时之前，他还是一个强烈反对独立思想的人。"[①]

当然，在潘恩写作《常识》之前，启蒙思想已经在英属北

---

① 参见朱学勤：《书斋里的革命》，云南人民出版社2006年版。

美殖民地得到传播，除了来自于欧洲的启蒙思想以外，本土思想家富兰克林和杰斐逊的民族和民主意识也通过宣传为广大北美人民所熟知。我们并不是夸大大众传播自身在北美独立革命中起到的作用，但脱离英国独立的思想，确实是由《常识》这本小册子作为思想的总结和阐发，后经过广泛的传播，影响了北美殖民地的很多人，在一定程度上促进了美利坚合众国的诞生。美利坚合众国这个国名就来自于这篇文章。美国建国后讨论国名时，受过这本小册子影响的人不约而同地想到了这个名字，这确实是思想的力量，也体现了大众传播的力量。

这是我们在回顾历史的基础上，分析大众传播在塑造民族国家、影响现代国际关系面貌上所起到的作用。除此以外，大众传媒还与民族兴旺、国家强盛息息相关。在"大英帝国"的崛起过程中，《泰晤士报》、路透社等现代传媒代表大英帝国向幅员辽阔、曾经达到全球陆地面积约1/4的英联邦土地传达来自于这个庞大帝国心脏和神经中枢的声音，把所有这些土地上的臣民凝聚在一起。曾经统治澳大利亚的英国殖民总督就把路透社电报称为"伟大的帝国维系力量"。同样，在美国成为超级大国，在全球发挥影响力的过程中，《纽约时报》《华盛顿邮报》《华尔街日报》这些大众媒体也成为在全球发挥政治影响力的媒介，美国的文化和政治也由迪士尼、好莱坞电影等各种大众传播方式加以宣传，潜移默化地引导其他国家的人民对美国产生所谓的向往和好感，培育了美国主导世界的软实力。历史上大众传播对民族国家的形成起到了促进作用，影响了近现代以来的国际关系，到了当代，大众传播继续发挥着类似的作用，只不过这一次除了在巩固民族认同以外，也开始解构民族认同，对国际关系的一些传统观念提出了挑战，在一定程度上改变了当代国际关系的面貌。比如在大众传播时代，国际、国内界限逐渐模糊，国家的主权至上原则受到一定程度的挑战。

有一个词汇叫"地球村"，我们都是地球村的村民。全球发生的事情都成了村落里的事情，不同国家的公民都成了同一个村的村民。过去发生在遥远的其他国家的事情，都成了自己身边的事情。这种感觉是怎么产生的？主要来自于两个原因，第一，由于全球经济联系、贸易全球化，世界各地的商品都可以流通，甚至大家都在使用同一件商品，比如苹果新手机发布，几乎全球都在排队购买，好莱坞新电影几乎全球同步上映。同时，个人可以很方便地到达全球各个地方，无形中拉近了个人与其他地区的心理距离。另外，在古代，个人可能更多的觉得自己属于一个家庭家族，属于一个村落，他不了解远处发生了什么。现在大众传播几乎 24 小时不间断地把全球各地的大事小事新鲜事、事无巨细的传递给你。由于大众传媒的高度发达，人们每天都能了解到世界上其他地方发生了什么，甚至可以实时看到这些事情的最新情况。恍惚间感觉自己和世界上其他地方的人置身在一起，遥远地区发生的事情似乎是发生在身边，人们会关注其他国家的人和事，并在很多事情上与他们感同身受。久而久之，这些共性越来越多，大家就具有了同一个身份。这些人可能具有语言能力，他们频繁到世界上的其他国家，与其他国家具有同样爱好、同样使命的人密切地联系和交往，逐渐模糊了国家身份，他们自称是世界公民，是地球人。这或许是大众传播对民族国家解构的一种可能性。

第三节　大众传播对国际关系的影响：
以美国"公民社会"形成
及独立革命为例

在近代国际关系中，美国独立是一件意义深远的大事。美国独立战争是世界史上第一次大规模的殖民地争取民族独立的战争，其胜利给大英帝国的殖民体系打开了一个缺口，为殖民地民族解放战争树立了范例，推动了欧洲及拉丁美洲的资产阶级革命，使得资本主义体系真正的跨出了欧洲范围并具有了全球意义。

在18世纪晚期，与英法等国政治观念的革新发生于精英阶层或上流阶层不同，美国近代政治观念的传播及于平民，而观念革新的广泛参与最终形塑了一种跨阶层的、具有强烈实践色彩的主流政治观念。这种政治观念即"美国信念"的雏形。它主导了美国的立国进程，使美国革命显得温和而卓有成效。当印刷术在西欧传播开来，欧洲"公民社会"开始兴起，当报纸在北美开始拓荒的时候，也正是该地区"公民社会"形成并推动美利坚独立建国的时候；当广播作为新媒体出现但受到专制政权操控的时候，同时也是西方"公民社会"受到挑战的时候；当新媒体诞生并流行开来的时候，也正是"公民社会"的力量再一次彰显的时候……要理清其中的内在逻辑关系，就需要对近代"公民社会"发轫过程中的传媒因素进行分析。北美殖民地时期松散的"公民共同体"不断走向联合的过程实际上也是美国建国的过程。同一时期，美国殖民地报业发展起来，我们尚且不知道其中有什么必然联系，但恰在这个时期，北美的"公民共同体"开始孕育并最终生成了一个"国家—公民社会"的社会结构。

一、殖民地报业与北美"公民社会"的渊源

"现代新闻体系不是单个国家的馈赠，它只是人们进行的传播努力不断演变的现今阶段的产物。"[1] 在北美这样一个既没有历史遗留，也没有传统国家意识的土地上，报业的发展则更好的继承了人类传播文明特别是欧洲文明的优秀成果。在北美众多的殖民地中，马萨诸塞州（Massachusetts）成了美国报业的发源地。这里的居民受教育程度较高，善于经商，独立意识强，拥有高度的自治，是北美最早的"公民共同体"之一。1636年，马萨诸塞湾（Massachusetts Bay）的欧裔们创立了哈佛学院，这个学院在用于宗教目的 的同时也鼓励了人们对教育与文化传播的兴趣，使得当地居民识字率提高，文化也相对发达。更为重要的是，哈佛学院开办了殖民地第一家印刷所并把这种印刷技术向四周扩展，而这种印刷技术正是报业兴起的必要条件，当其他条件成熟时，美国报业的兴起是早晚的事情。

起初北美殖民地的印刷机大部分印刷出来的是政府事务的材料，但精明的印刷商却知道当地居民的真正需要，早期的历书是当地居民比较典型的需求，历书刊登了对气候的预测，邮差、驿车及定期客船的时间表，还有生活指南等。历书可以供

---

[1] ［美］迈克尔·埃默里、埃德温·埃默里、南希 L. 罗伯茨著，展江译：《美国新闻史：大众传播媒介解释史》，中国人民大学出版社2004年版。

过夜客人们消遣娱乐，等同于数个世纪前欧洲的咖啡馆的职能，但通过印刷资料，他们可以逐渐形成共同的认知，塑造共同的意识，这正是所谓"公民社会"形成最重要的前提之一。当然，能够以印刷品的形式来形成民意，塑造"公民共同体"，则要等到报纸的出现。识字率的提高是美国报业发展的需要，根据美国学者的研究，18世纪末，北美大陆移民的读写能力有了显著提高，[1] 在新英格兰地区识字率已经超过英国本土，[2] 这使本尼迪克特·安德森所说的新"阅读阶层"和"印刷资本主义"的出现成为可能。[3]

　　报纸在美国的出现并不是偶然。经过半个多世纪的开拓，许多移民已经相当富裕，逐渐成为一种新兴的阶层。"随着社区的日益扩展，竞争刺激了贸易，商人们终于发现，如果他们能够在一个顾客阅读的出版物上登出通告或广告，那么他们就可以将货物更快的卖给顾客。"[4] 同时，各殖民地之间商业往来的增加也使当地居民对信息产生了需求，正是这种市场的发育刺激了美国报纸的产生。因此，新印刷机的启用同时都要发行一份报纸，"而事实上报纸往往是这些印刷机所生产的最主要甚至是唯一的产品"。18世纪初期，波士顿陆续出现了《国内外公共事件报》(Public Occurrences Both Foreign and Domestic)、《波士顿新闻信》(The Boston News-letter)、《波士顿公报》

---

[1] ［英］迈克尔·舒德森著，徐桂权译：《新闻社会学》，华夏出版社2010年版，第38页。

[2] Axtell J., "The school Upon a hill: education and society in colonial New Haven," Connecticut: Yale University press. 1974.

[3] ［美］本尼迪克特·安德森著，吴叡人译：《想象的共同体》，上海人民出版社2003年版。

[4] Sloan, W. D. &Williams, J. H., "The Early American Press, 1690 – 1783," Westport: Greenwood Press, 1994.

(*Boston Gazette*)、《新英格兰新闻报》(*The New England Courant*) 等几份报纸，费城、纽波特、马里兰等也相继出现了各个殖民地的第一张报纸。"每一张报纸和每个印刷商都有各自的理念和奋斗的历程，他们的故事也各不相同。"[①] 市场自发产生的报纸预示着北美报业从一开始就带着寻找生存空间、满足人们需要的天然属性。

这样，经过半个多世纪的积淀，"到1750年时，大多数有文化的美国人已经可以读到某种提供信息的出版物。这一年，在人口最多的6个殖民地已经有14种周报发行，而且不久以后这类出版物的数目迅速增加。"[②] 独立战争前，殖民地已经有37份报纸。"1783年战争结束的时候，美国共有35家报纸。"[③] 报纸日益成为人们生活的一种需要，"一份报纸就像一位不请自来的顾问，他每天可向你扼要的报道国家大事而又不致扰乱你的私事"。[④] 当时的人们也对报纸做出了很高的评价，"千真万确，报纸是知识的源泉，是全民族一切世俗话题的来源……报纸像一桌宴席，有些菜对每个客人都适宜，有的碟子大，有的碟子小，有的味道浓，有的烧的嫩，大胃口，小肚肠，都各自适合。"[⑤]

殖民地时期的报业是作为生产领域、流通领域、市场领域

[①] Sloan, W. D. & Williams, J. H., "The early American press, 1690 – 1783," Westport: Greenwood Press, 1994.

[②] [美] 迈克尔·埃默里、埃德温·埃默里、南希 L. 罗伯茨著，展江译：《美国新闻史：大众传播媒介解释史》，中国人民大学出版社2004年版。

[③] [英] 端木义万著，窦君、全亚文译：《美国传媒文化》，北京大学出版社2000年版。

[④] [法] 托克维尔著，董果良译：《论美国的民主（下）》，商务印书馆1997年版。

[⑤] McCathy, K. D., "American Creed: Philanthropy and the Rise of Civil Society 1700 – 1865," Chicago and London: University of Chicago Press, 2003.

和公共领域同时存在的。首先，报业是一种介于手工业与工业之间的生产行业，油墨、纸张作为原料，印刷工人开动印刷机，这种生产便开始进行；其次，报业是一个流通领域，依托于邮政服务体系，搜集新闻和信息，并通过邮政投递，把印刷品投递到邮政系统所能到达的范围；再次，报业是一个市场领域，精明的印刷商洞悉市场行情，发现市场需求，以刊登广告和卖出报纸作为盈利的手段；最后，报业是一个公共领域，记者采写新闻，传递信息，表达观点，各行各业的人们通过阅读报纸，了解发生在异地的逸闻趣事，并把这种复制的"公共经验"扩大开来，创造了一个以报业为核心的公共场域。作为生产行业、流通领域和市场领域，报业与其他行业无甚差别，报纸也只能作为一般的商品，然而，公共领域的特点却决定了报业的特殊功能，"尽管报纸篇幅有限而且一周只发行一两期，但是人们互相传阅，在酒馆和咖啡馆里大声朗读，所以报上的内容可以传到大多数城市家庭甚至少数富裕的乡下农场"。[①] 报业自身信息集散和市场开拓能力使报纸的公共影响力向社会扩散。

报业不单是一个公共领域的纽带，形成一个个"想象的共同体"，还推动了"公民社会"团体的成长。这表现在对社团的巩固和对乡镇自治精神的加强。首先，报纸巩固社团之间的联系，"报纸使他们结合起来，但为了使结合不散，他们继续需要报纸"，"报刊在制造社团，社团也在制造报刊"。[②] 报纸与社团的这种天然的联系使这种公共力量得到加强，壮大了

[①] [美]加里·纳什著，刘德斌译：《美国人民：创建一个国家和一种社会》，北京大学出版社2008年版。

[②] [法]托克维尔著，董果良译：《论美国的民主（下）》，商务印书馆1997年版。

"公民社会"的力量。其次,各地方政府自行办报的特点强化了当地人的乡镇自治精神。虽然当地的报纸也会邮寄到相邻的地区,但更多的还是带有地方特色,服务于当地。报纸的阅读对象是当地人,更多关注发生在本地区的人物和事件,形成了地方特色的人文氛围,这种地方办报的传统一直保持到今天。[①]

"18世纪80年代中期,60多家报纸纷纷出现,这种增长持续到下一个十年。在1783年到1801年之间,大约有450家报纸创刊。"[②] 正是这400多份报纸塑造了一个个想象的"公民共同体","由于在地理上群聚一区,它们在波士顿、纽约与费城的市场中心之间的联络便捷容易,而且它们的人口也相对较紧密地被出版和商业所联系起来",[③] 这就使得北美十三个殖民地的联合成为可能,在一个同质的阅读圈子里创造了即时的历史场域,形成共同的认知,"他们的交流组成了一种在真实的时间中不断发展的事件的视野,把个人和社会的最上层活动联系在一起。当大量的公民开始熟谙政治事件和人物,民主政府成为了可能"。[④] 一群生活在"原初状态"下的自由民通过他们之间的这种相互碰撞,迸发出创造新文明的激情,靠着报纸的力量,一个个小范围的"公民共同体"走向了联合,一个不需要外在力量而靠内生力量存在的群体诞生了,它产生的不是一个基于威斯特伐利亚体系之上的现代民族国家,而是一个例

---

① [美]本尼迪克特·安德森著,吴叡人译:《想象的共同体》,上海人民出版社2003年版。
② [美]约翰·特贝尔等著,余赤平等译《华盛顿到里根:美国历届总统与新闻出版界》,吉林人民出版社1989年版。
③ [美]本尼迪克特·安德森著,吴叡人译:《想象的共同体》,上海人民出版社2003年版。
④ [美]威廉·麦克高希著,王大庆、董建中译:《世界文明史——观察世界的新视角》,新华出版社2003年版。

外于国际法解释的另类现代国家。如果我们假定殖民地当局对早期的"公民共同体"不足以产生破坏的话，这个过程就是由分散的、无序的"公民共同体"状态过渡到"国家—公民社会"状态的过程，在独立战争爆发之前，事实上也是这样的，又正是独立战争让这些经常阅读报纸的人们在捍卫公民权上达成了空前的一致，美国建国正是得益于这样的"公民社会"基础。

二、"公民社会"思想在报业的孕育

北美"公民社会"的发育并非没有自己的思想基础，欧洲是北美移民的故土，也是其新生活的起点。17—18世纪的欧洲孕育了整整一代伟大的社会思想家，法国思想家伏尔泰（Voltaire）、卢梭（Rousseau）、孟德斯鸠（Montesquieu），英国思想家霍布斯（Hobbes）、弥尔顿（Milton）、洛克（Locke）、弗格森（Ferguson）等关于国家、社会、宪政等的论述奠定了现代国家与"公民社会"关系的思想基础。这些在欧洲受到抵制的思想却在北美找到了生存的土壤，早期移民北美大陆的人不少都受过良好教育，其中不乏饱学之士，他们不仅带来了大量的书籍、报纸，欧洲启蒙思想伴随着他们也一并来到北美，人们广泛的传阅，并加以翻印。《论出版自由》《政府论》《公民社会史论》《社会契约论》《论法的精神》等书籍内容大多被殖民地报纸刊载，使北美这块土地被新思想的活力充盈，孕育出北美本土化的"公民社会"思想。

与欧洲学者著书立说，通过思想启蒙引发社会变革进而改造形成"公民社会"不同的是，北美殖民地"公民社会"思想是通过报业得到孕育,在报纸推向社会领域的同时逐渐形成"公民社会"。"公民权不是可以放在静态的、空洞的社会空间中讨论清楚的概念",① 而是要通过具体的社会实践来诠释,报业则提供了一个实践的平台。

在北美殖民地,印刷商通常作为报社经营者、广告代理人、报纸发行人、新闻采写者和社论撰稿人的角色同时存在,他们被称为"经营实用的公共新闻的匠人""社会公仆",他们的印刷所充当了报纸讨论会场和邮局办公室的角色,"印刷业者的办公室变成了北美洲的通讯与社区知识生活的关键",②"他们已经开始发展一种前所未有的公众信息网,这种网将一个巨大的民族团结起来,刺激和满足渴求新闻的欲望"。③ 报业的这个特点对于北美殖民地政权的未来架构尤为重要,因为北美的报业培养了本杰明·富兰克林(Benjamin Franklin)、萨缪尔·亚当斯(Samuel Adams)、亚历山大·汉弥尔顿(Alexander Hamilton)、艾赛亚·托马斯(Isaiah Thomas)、托马斯·杰斐逊(Thomas Jefferson)、约翰·亚当斯(John Adams)等一代开国先驱,他们多数都是办报起家,后人所熟知的总统、思想家、先驱等的身份也证明他们确实有能力影响北美殖民地的未来政治结构。报业因他们而兴起,他们也因报业而成长。这一代美国政治思想的先驱们是在殖民地报业发展的过程中成长起来的,报业的环境养育了他们,也养育了他们的思想。本杰

---

① [美] 茱迪·史珂拉著,刘满贵译:《美国公民权:寻求接纳》,上海世纪出版集团2006年版。
② [美] 本尼迪克特·安德森著,吴叡人译,《想象的共同体》,上海人民出版社2003年版。
③ [美] 丹尼尔 J. 布尔斯廷著,卫景宜译:《美国人殖民地的经历》,上海译文出版社1989年版。

明·富兰克林的《宾夕法尼亚公报》为他赢得了社会尊重，奠定了他以后作为外交家和国务活动家的基础。亚历山大·汉弥尔顿与托马斯·杰斐逊也分别曾是《合众国公报》（Gazette of the United States）和《国民公报》（National Gazette）①的幕后支持者，并匿名撰稿发表自己的主张，宣扬他们的联邦理论和思想。通过报纸，他们传播新思想，其思想在不断接受民意检验的同时，也在进行自我的修正，约翰·亚当斯就是这样的人，"在革命斗争期间，他是左翼成员；在宪法领导的初期斗争期间，他是右翼成员。年轻时，他坚决捍卫人权；年老时，他坚决捍卫财产权"。②正是这样，这些思想家才使自己的观点既像欧洲思想家那样富有理想和激情而又不脱离北美大陆的社会实际。在搜集报纸信息时，他们不仅体察民情，还掌握了足够多的社会信息，这种由报纸培养出来的洞悉力、观察力和对局势的把握能力，不仅使他们成为敏锐的思想家，也使他们成为政治实践家。

殖民地的社会思想家与欧洲那些书斋式的思想家不同的是，他们没有鸿篇巨制，不是"著书立说"而是通过"办报立言"的办法来阐述他们的思想，本杰明·富兰克林的《宾夕法尼亚公报》、萨缪尔·亚当斯的《独立广告报》、亚历山大·汉弥尔顿的《合众国公报》和托马斯·杰斐逊的《国民公报》无一例外，在报纸发展的过程中他们的思想逐渐成型。对公共事务的热心和报纸的经营也使他们不可能专门花费时间

---

① 《合众国公报》和《国民公报》分别创办于1789年和1791年，成为联邦党人和反联邦党人的宣传阵地。
② ［美］路易·帕灵顿著，陈永国等译：《美国思想史》，吉林人民出版社2002年版。

通过"著书立说"来实现"创造社会和政治制度"的理想，当然他们偶尔也有小册子出版，例如鲍尔斯（Bowers）就曾经称汉弥尔顿为"天生的小册子作者"。① 这种方式也使他们的思想更贴近社会实际，形成一个表达、沟通、交流和反馈的信息链条，并使他们的思想为这个社会所接纳和承认，吸引更多的支持者和追随者，把自己的思想推向现实社会的实践领域。因此，美国早期启蒙思想产生的过程亦是这种思想付诸实践的过程。

三、报业与美国"公民社会"结构的形成

18 世纪的北美殖民地孕育出大批财富不断增长的移民，他们的身份起初大多是英国特许状下到北美拓殖的英国公民，但随着非英格兰裔移民的不断增多，改变了欧洲裔人口的族裔结构，② 对英国的国家认同感随着新移民的不断增加而慢慢弱化。实际上，他们生活在一个无中心的社会，国家观念淡薄，彼此之间的联系不是固定的，但人的社会属性决定了个体需要通过某种力量联合起来，处理共同的事务。如果有一个等级森严的政治体制，这样的独立个体就很容易被驯化，然而，移民的特点决定了他们对殖民地总督的不屑。他们在支持和信任当地议会的同时，也在思考殖民地的未来。报纸把他们联系到一起，"使他们当中的每个人可以知道他们在同一时期，但却是分别产生的想法和感受"。③ 更为有意义的是，报纸能够在长达半个

---

① Bowers, C. G., "Jefferson and Hamilton," Boston: Houghton Mifflin, 1925.
② 李剑鸣：《美国殖民地时期的人口变动及其意义》，《世界历史》2004 年第 4 期。
③ [法] 托克维尔著，董果良译：《论美国的民主（下）》，商务印书馆 1997 年版。

世纪里公开讨论北美殖民地的前途问题，这在当时世界上任何一个国家都是不可能的，争取成为享有更多自治的附属国还是独立建国？如果抛弃大英帝国的光环，新的国家又是什么样的呢？这里的人们在建造兵工厂的同时已经在讨论殖民地社会的未来架构，当这种讨论不断深入，就殖民地未来地位逐渐达成一致时，借助某些偶然事件，这种讨论就会进入社会实践领域，《印花税法》暴动就是这样的事件。

1764—1774年是北美英属殖民地的十年动乱时期，英国与北美殖民地的关系日益紧张，受过良好教育的律师、牧师、商人和种植园主开始通过报纸来做出反应，社会的中下层也在报纸上表达自己的不满。1765年11月英国宣布《印花税法》（Stamp Act）在殖民地生效，通过在报纸、小册子、年历、法律文件等上面贴税票来增收印花税。这一事件触怒了印刷商，在开征印花税的第一天，《宾夕法尼亚新闻与广告周报》在报纸分栏空白地方印上了深黑色的边框表示哀悼，以示对印花税法的抗议。被称为报业天才的萨缪尔·亚当斯也在《波士顿公报》上带头抨击《印花税法》，多家报纸也一起表达了愤怒，最终反印花税在报业的积极参与下取得了胜利，《印花税法》被废除。从这时起，报纸一改往日的报道风格，"印刷店变成了政治活动的'闹区'"，[1] 开始进入政治议题，后来的"汤森税法危机"[2]（Townshend Duties Crisis）、莱克星顿的枪声以及独立战争的最新进展等成为报纸关注的焦点，革命派报纸也陆续诞生，约翰·亚当斯已经敏锐地观察到报纸在群情激昂的民

---

[1] ［英］迈克尔·舒德森著，徐桂权译：《新闻社会学》，华夏出版社2010年版。
[2] Knight, C. L, "The American Colonial Press and the Townshend Crisis, 1766–1770: A Study in Political Imagery," Lewiston: E. Mellen Press, 1990.

众中的影响力，他在日记中写道："人们越来越关心他们的自由……更加坚定了捍卫自由的决心，我们的新闻界在怒吼……"①这个时候，小册子在政治运动中也活跃起来，与报纸相呼应，为殖民地的自由和独立做舆论上的动员，其中1776年托马斯·潘恩的《常识》印刷25次，小册子就销售了大约15万本，并在沿海各地的报纸上不断再版。"革命派报纸走进了大约4万个家庭"，②由于每张报纸都会被收藏传阅，所以报纸影响的范围要大大超出这4万个家庭。经过报纸的舆论洗礼，独立建国的思想逐渐在殖民地被接受。1776年，《独立宣言》发表，一种"国家—公民社会"结构的政治意识正在慢慢形成。独立战争胜利后，在联邦党人的推动下，1787年宪法诞生并确立了美国作为一个国家的存在，三权分立的运作机制，国家的财政、军事、外交职能明确出来，形成了"公民社会"基础之上的新型国家，实际上在这个"国家"之先，"公民社会"已经先入为主。当政治家意识到这个国家可能破坏"公民社会"时，宪法修正案诞生了。正是这三个文件，在法律上形成了美国政治的"国家—公民社会"结构。

18世纪末到19世纪初的这段时间被新闻史学家们称为美国历史上的政党报纸时期，通常被认为是联邦党人与反联邦党人控制的报纸之间的竞争。正是报纸提供的这个舞台使各种社会建构的思想在碰撞中找到契合点，在政治实践中形成美国宪政制度并使后来的人们有可能在殖民地报刊中找到美国宪政的

---

① ［美］加里·纳什著，刘德斌译：《美国人民：创建一个国家和一种社会》，北京大学出版社2008年版。
② ［美］迈克尔·埃默里、埃德温·埃默里、南希 L. 罗伯茨著，展江译：《美国新闻史：大众传播媒介解释史》，中国人民大学出版社2004年版。

依据。在这些报纸刊文争论的过程中,重要的不是他们意见的相左,而是他们都在为殖民地的未来探索新路,"他们的伟大梦想为美国设想了不同的目标,开辟了不同的道路"。①尽管在政治言论的交锋中也有谩骂和诽谤,但我们可以明显的从1787年宪法和1789年宪法修正案中看到联邦党人与反联邦党人的某种妥协。

  18世纪下半期,在战争开始时出版的35家报纸有20家存活了下来,战争期间,又有35份报纸创办,考虑到战争的影响,殖民地的报业还是在稳步的发展。有些报纸的发行量非常可观,如《康涅狄格新闻报》(The Connecticut Courant)在1781年的发行量达到了不可思议的8000份。报纸的勃兴,把新思想传播开来,启迪了民智,培养了他们的公民意识,也养成了北美人参与公共讨论的习惯,引导当时的居民不断思考他们所居住的这片土地的未来走向。建国之后,议会的议员,城里的商人、银行家和劳工阶级,各地的农场主定期期盼着报纸投递员身影的出现,以了解这个国家的最新动向,因为报纸反映的信息不仅仅关系这个国家的未来出路,也关系到他们作为一个美国公民的切身利益。普通的公民在这种公开的舆论环境中听取各方的观点,形成了他们对自己所在国度相对理性的思考。无论是亚历山大·汉弥尔顿还是托马斯·杰斐逊,都像一位出色的演讲家在报纸这个讲台上发表言论,报纸的读者则像与会观众一样在讲台前聆听这些智者的辩论,潜移默化中,他们已经形成了自己的认知。在独立战争结束的岁月里,社会启蒙正

---

① [美]路易·帕灵顿著,陈永国等译:《美国思想史》,吉林人民出版社2002年版。

是通过这种方式在悄无声息的进行，把美国人的注意力从田园间、货船上、柜台前吸引过来，使他们意识到这片土地需要有一个不同于英国殖民地政府的国家，但同时又要保持自己所在社区的相对独立。无论是倾向于"国家"还是倾向于"公民社会"，一个"国家—公民社会"的群体意识逐渐在北美移民中达成一致，约翰·亚当斯和托马斯·杰斐逊的轮流执政，标志着这种"国家—公民社会"的结构正式进入美国公民社会政治生活的实践中，美国的"公民社会"也由此稳定下来。后来，伴随着西进运动，美国人这种"公民社会"的观念也被带到所到之地，并被这些西部牛仔们赋予了新的内容。

四、小结

"公民社会"在北美的兴起是一个渐进的过程，"五月花"精神、清教徒的志愿精神、乡镇自治传统等都是重要的因素，但"印刷导致了一种新的类型的公共经验的诞生"，[1] 报纸使其"在空间上整合，时间上多样化"，[2] 更大可能的复制了这种"公共经验"，支持并形成了一个普及性的教育体系，孕育了一个大的文化社区，如果没有外围力量的冲击，这种依托报业机械复制的文化符号将推动生成新的社会形态。在18世纪的北美英属殖民地，我们就发现了这种符合前述推断的个案。"各地分散的群众，由于新闻的作用，意识到彼此的同步性和相互影响，相隔很远却觉得很亲近，于是，报纸造就一个庞大

---

[1] [美] 威廉·麦克高希著，王大庆、董建中译：《世界文明史——观察世界的新视角》，新华出版社2003年版。
[2] [法] 加布里埃尔·塔尔德、[美] 特里·N. 克拉克著，何道宽译：《传播与社会影响》，中国人民大学出版社2005年版。

的、抽象和独立的群体。"不同风格的报纸保证了"公民社会"的多样性，秉承共同的理念，但却保持各自的特色，当遇到破坏这种状态的外力冲击时，这种分散的"公民共同体"又表现出高度的一致性。美国"国家—公民社会"的政治结构，是以报纸为平台的大众传播在 18 世纪末的北美社会的自然反映。

第 二 章

当代国际关系中的跨国传媒

自近代意义上的传媒在西欧社会发轫以来，传媒长期囿于威斯特伐利亚体系所设定的一国之内的政治安排。然而，自20世纪90年代以来，传媒的社会角色发生了很大的转换：由印刷媒体、国际广播、卫星电视、通讯社和国际互联网等所组成的跨国传媒异军突起，壮大了传媒自身的力量。传媒不仅传递着当代世界发展变化的信息，还引导着国际舆论，影响政府决策，从而直接或间接地参与并推动"区域社会"向"全球社会"过渡的世界历史发展进程，这已经超越了"民族国家"的藩篱，塑造着一种挑战威斯特伐利亚体系的独立的、新型的国际行为体，这是国际关系发展史上一种从未有过的崭新现象。

第一节 "跨国传媒"内涵分析

在人类社会发展的漫长历程中，传媒始终伴随着人类文明的脚步并一直发挥着"媒介"的功能，是人类最重要的交流和沟通的工具之一。15世纪晚期德国人约翰内斯·古腾堡发明了现代印刷术，这预示着传媒新时代的到来。印刷术一经发明就发挥了文化技术（Cultural Technologies）[1]革新的巨大威力，使得有关宗教信仰的书籍被翻译成多种文字在欧洲传播开来，欧洲社会近代转型最重要的动力之一——"宗教改革"也由此开始。同时，欧洲印刷媒介一经产生便有了与早期的石刻、竹简、莎草纸、羊皮纸等"传统媒介"不同的跨国界特征，只不过当时仅停留在跨国印刷业的层面上。[2] 不过，威斯特伐利亚体系框架下的"民族国家"长期以来一直把传媒看做国内的公共领域和强化对社会监控力的舆论工具，一国之内的传媒包括商业化传媒在国家传媒系统中占支配地位的状况一直持续到20世纪80年代。20世纪末电子媒体、卫星、网络等现代通讯信息技术的全面推广以及西方发达国家对传媒管制的取消，全球传媒市场的控制权便掌握在为数不多的"跨国传媒"集团手中，像AOL时代华纳、维亚康姆、迪士尼、新闻集团、贝塔斯曼这样的"跨国传媒"集团迅速兴起，几乎囊括了传媒业、出版业、娱乐业等所有的文化产业领域，也成为国际文化产业的代名词。这时，传媒才真正摆脱一国的窠臼，越出国界，逐渐成长为全球性的国际行为体。

"跨国传媒"是伴随20世纪末传媒的跨国并购和市场拓展

---

[1] 威廉·麦克高希把印刷术、电信电流技术、卫星转播技术统称为"文化技术"，具体参阅［美］威廉·麦克高希著，董建中、王大庆译：《世界文明史：观察世界的新视角》，新华出版社2003年版。

[2] 此时的传媒只是市民社会的一个因子，后来从公共领域中分化出来，以市场利益为驱动力，当它找到公司这个载体时，就开始实现自身相对独立的发展。具体参阅［德］尤尔根·哈贝马斯著，曹卫东译：《公共领域的结构转型》，学林出版社1999年版。

而出现的一个新词汇，是西方传播学者考察和分析现代媒体的跨国性时采用的一个传播学专用名词。在国际关系学界，"跨国传媒"[①]的提法突出了这些传媒机构跨国家、超国家的特征，便于把其作为国际关系中的个体单位进行分析。一般认为，"跨国传媒"是指承载着文化和信息在全球范围内进行新闻和娱乐的生产、发行以及市场营销的文化企业公司或集团。"跨国传媒"的主要表现形式是文化多国公司和全球文化市场，技术的数字化、运作的商业化、规模的集团化和战略的全球化是其最基本的特征。"作为一个组织系统，跨国公司标志着超越20世纪60年代和70年代的多国公司的自然演变。"[②] "跨国传媒"在表现形式、战略决策、资源配置、经营目标上和跨国公司基本一致，与其不同的是"这些公司不仅仅出售产品，更在影响着人们的观念"。[③] 在国际关系领域，"跨国传媒"最突出的特点是多种权力场域的共存，"多种经营的成熟技术的增长，引起了权力的集中，同时在销售一种优质商品中充分利用了传媒"，[④] "跨国传媒"集中了"文化工业的世界、意识形态权力的世界、政治经济权力的世界和生活实践的世界"，并分别通过商业运作、价值诉求、舆论操控、公众参与等方式表现出

---

① 也有文化多国公司的提法，戴维·赫尔德在《全球大变革：全球化时代的政治、经济与文化》一书中采用了这一概念。参阅〔美〕戴维·赫尔德、安东尼·麦克格鲁、戴维·戈尔德布莱特、乔纳森·佩拉顿著，杨雪冬、周红云、陈家刚、褚松燕译：《全球大变革：全球化时代的政治、经济与文化》，社会科学文献出版社2001年版。
② 〔美〕叶海亚·迦摩利珀著，尹宏毅译：《全球传播》，清华大学出版社2003年版。
③ 〔英〕安东尼·吉登斯著，查常平译：《社会学》，北京大学出版社2003年版。
④ 〔英〕肯尼思·麦克利什主编，查常平等译：《人类思想的主要观点：形成世界的观念（中）》，新华出版社2004年版。

来,"大众传媒作为世界的内涵也从'异化'扩展为'权力'",[①] 这种权力以独特的无处不在的方式影响到国际组织、民族国家、民间团体甚至个人等全球社会的各个层面,但它又不对其他的权力模式进行直接的挑战,这种权力模式既涵盖了国际关系学领域通常所说的"硬权力"和"软权力",但又不是"硬权力"和"软权力"的内涵所能解释的。

因此,"跨国传媒"是一个非常特殊的国际行为体,它既是跨国家、跨文化传播的行为主体,又带有很浓厚的商业色彩,融政治、经济、文化等各种国际行为体的特征于一身。因此,它的影响已经不能单单通过跨国公司量化的经济指标和全球市民社会中的非政府行为体所发挥的有限作用来衡量。所以,应该把"跨国传媒"作为一个单独的研究单位,用非政府国际行为体来界定分析。

"跨国传媒"研究在西方学术界也经过了一个伴随时代而流变的过程。学术界关注"跨国传媒"要从20世纪60年代西方学术界盛行一时的"文化帝国主义"说起。该理论衍生于"传播与国家发展"理论的演变和发展过程中,以法兰克福学派为代表的激进主义对二战后的西方文化进行了全面批判。赫伯特·席勒等西方传播学家以民族国家主权为核心,在全球政治经济与信息传播的结构中探讨媒介在社会发展中的作用,将西方国家借助"跨国传媒"对发展中国家的"文化输出"现

[①] "传媒世界"是传播学界对传媒进行批判时采用的概念,具体参见潘知常:《批判的视境:传媒作为世界西方传媒批判理论的四个世界》,《东方论坛》2007年第4期。

象视为一种"新帝国主义"。[1] 20世纪80年代以来,"文化帝国主义"理论日益成为全球化语境下倡导文化多元化与文化保护主义的一种重要的批判性思维。1990年,约瑟夫·奈首次提出"软权力"的概念,[2] 在他的观点中,传媒作为非政府力量占有重要的位置,在约瑟夫·奈看来"信息是国际领域的新型货币","传媒是一种软力量",美国文化和价值观念的全球化是通过新闻、娱乐、广告的软权力得以实现的。正是从约瑟夫·奈开始,西方国际关系学界开始关注传媒对国际关系的影响,中国学者也开始从传播学的角度来尝试探索"跨国传媒"对国际关系的影响。[3] 近年,当全球化成为学界关注的热点问题时,学者们把目光投向了"跨国传媒",讨论"跨国传媒"与全球化问题及传媒在"全球治理"中的作用。

第二节 "跨国传媒"的"全球市民社会"特征

"跨国传媒"的特殊性决定了我们在分析时很难在国际关系领域找到合适的参照,这就导致"跨国传媒"游离于现行国际关系理论解释的范畴之外。因此,引入其他相对成熟的学科

---

[1] 具体参阅 [美] 爱德华·赫尔曼、罗伯特·麦克切斯尼著,甄春亮等译:《全球媒体:全球资本主义的新传教士》,天津人民出版社2001年版,第187—191页;[美] 罗伯特·麦克切斯尼著,谢岳译:《富媒体、穷民主——不确定时代的传播秩序》,新华出版社2004年版。

[2] Joseph Nye & William Owens, "America's Information Edge," Foreign Affairs, Mar/Apr, 1996.

[3] 具体参阅刘继南主编:《大众传播与国际关系:现代传播文集》,北京广播学院出版社1999年版;蔡帼芬主编:《国际传播与对外宣传》,北京广播学院出版社2000年版。

概念就成了拓展分析空间的另一选择，在分析"跨国传媒"的市民社会特征时，本书借用社会学的"国家—市场—社会"的分析框架，采用了已经得到国际关系学界认同的"全球市民社会"（Global Civil Society）这一概念。①

一 "跨国传媒"与公共领域的渊源

所谓公共领域，是指"植根于国家与个人、政府与市场之间的活动空间，是指公民参与公共事务的地方"，②"文化技术在个人的直接经验之外创造出另一个世界，生活在社会的最上层的人们的活动被带进了公众的视野"，③传媒记录着这一层面的经历。因此，公共领域与市民社会、大众传媒关系密切。④学界通常的观点也是将公共领域作为传媒运作的空间之一。哈贝马斯认为，传媒的功能在"公共领域显然居于中心地位"，在"国家—市场—社会"的体系中，国家以公众舆论为媒介对

---

① 学界已经公认在民族国家之外存在一个依靠观念或规范建构而成的超越国家内部的"全球社会"，"全球市民社会"的前提条件则是高于、超越于个体利益之上的共同的、公共的利益，与全球公共领域基本上也可以通用。在全球社会的场域中，这种超越个体利益的全球公共利益是存在的。"从这个意义上，国际关系中的制度理论实际上就是国际社会理论。"（具体参阅唐贤兴：《全球化进程、国际关系的民主化与人类社会》，载《复旦大学政治学评论（第一辑）》，上海辞书出版社 2002 年版。）在全球社会网络中，民族国家是基本的行为体，但不是惟一的行为体，其他的非政府组织、利益集团都是这一框架下互动的国际行为主体，所有这些主体在实现价值的过程中产生了合作基础上的共同利益，于是便产生了"全球市民社会"。

② 杜耀明：《新闻自由：可变的公共空间》，《明报月刊》（香港）1997 年 5 月号。

③ ［美］威廉·麦克高希著，董建中、王大庆译：《世界文明史：观察世界的新视角》，新华出版社 2003 年版。

④ 市民社会也是与国家、市场相对应的社会空间，市民社会基本等同于公共领域，差别只是使用场合的不同，如不做特殊说明，二者在本文可视为等同。关于市民社会、国家、市场的理论，参阅邓正来：《市民社会》，扬智文化出版公司 2001 年版；邓正来、［美］J. C. 亚历山大编：《国家与市民社会：一种社会理论的研究路径》，中央编译出版社 2002 年版。

整个社会的需要加以调节。哈氏将报刊称为"公共领域最典型的机制",这种思想建立在 18 世纪西方思想家提出的自由民主的基础上,美国政治家托马斯·杰斐逊的论述则正式奠定了传媒作为公共领域与政府的关系,西方学者通常用"第四权力"来描述传媒在社会中的地位。它所表达的内涵是:传媒总体上构成了与立法、行政、司法并立的一种社会力量,对这三种政治权力起制衡作用。

19 世纪中后期以来,由于引入了市场机制,报刊成了商业企业进入公共领域的入口。同时,商业性报刊自身进行的结构性重组,传媒自身的力量不断壮大。由此,西方传媒开始从政党报刊时期逐渐向商业报刊时期过渡,当传媒成长为社会中一种相对独立的力量时,传媒自身作为公共领域的地位得到了巩固,相反,"由于利益驱使,传媒市场必然要照顾消费者需要。这有利于竞争。因为要卖出报纸,所以就必须提供尽可能多的消息,结果是消费者对信息的选择促使他们的自我表达并鼓励他们进行政治参与"。[1] "这些公司(传媒公司——笔者注)主导着公共传播的渠道,拥有巨大的不仅对公众而且是对政府的力量。"[2] 这就增强了针对国家原本经常是弱势地位的公共领域的力量。所以,传媒本身还在发挥着公共领域的职能,只是以市场为驱动力超越了传统的公共领域的能量和限度。

二、"跨国传媒"与"全球市民社会"

尽管近代意义上的传媒发轫之初就具有国际性,但在 20

---

[1] Mark Wheeler, "Politics and Mass Media," Oxford: Blackwell, 1997.
[2] [加] 赵月枝:《帝国时代的世界传播:国家、资本和非政府组织力量的重新布局》,载陈卫星主编:《国际关系与全球传播》,北京广播学院出版社 2003 年版。

世纪80年代以前，大多数传媒公司还是按照政府的规定在国内运作。然而，在近30年内，传媒行业发生了急剧的变革，流动的全球市场代替了国内市场，新技术使以前相对独立的传媒融合在一起。传媒的全球化也迫使各自为政的沟通形式进行整合，由于新的、相对和谐的调控架构，所有权政策以及跨国的市场战略，"跨国传媒"具备了成为全球社会独立行为体的资格。由于"跨国传媒"的特殊性，我们不能认为它已经退出了公共领域，相反，笔者认为应该把它作为全球社会的公共领域，即全球公共领域（Global Public Sphere），这不但源于传媒早期的公共领域的身份，更由于传媒在全球市民社会中代表公共领域的声音的日渐强大，"正是我们在报纸上读到的或在电视上看到的，表现了公共生活的事件……当人们开始注意到在更广阔的社会中发生的事件，他们的社会生活从当时的个人体验扩大到影响邻居、城市和国家乃至世界的事件上"。① 人们正是通过"跨国传媒"来感受并参与这些"公共生活的事件"。"证据表明，今天的国际商业文化与历史上任何时候相比，都更加富于竞争，并且对公共需求做出更积极的回应。"② 它在令各国认同法人规则、产权规则和竞争规则的同时，给予个人、团体、利益群体自我表达的机会，使政府的调控及整合能力受到这样那样不无益处的挑战。罗伯特·麦克切斯尼（Robert McChesney）也认为："全球媒介系统可能还是一个进步力量，特别是当它进入那些受到腐败的媒介机构控制的国家，或者是

---

① ［美］威廉·麦克高希著，董建中、王大庆译：《世界文明史：观察世界的新视角》，新华出版社2003年版。

② ［美］叶海亚·迦摩利珀著，尹宏毅译：《全球传播》，清华大学出版社2003年版。

当它渗透到那些实行新闻审查制度的国家。"① 从学理上看，虽然学界对国家、市场与市民社会作了界定，但笔者认为，学界的界定只是为了分析的方便，事实上，三者之间没有绝对的界限，特别是市场的侵蚀性模糊了三者的界限，使其之间的关系更为复杂。与此相对应，在全球领域中的民族国家、市场与全球市民社会也不能割裂开来。对于市民社会中的非政府组织，通常的观点是："非政府组织是指非官方的、非赢利的、与政府部门和商业组织保持一定距离的专业组织"，笔者认为，这些只能作为判定其能否作为"市民社会"的条件之一，而不能作为必要条件。因此，不能因为"跨国传媒"的商业性就把它从全球市民社会领域摈弃出去。②

在新的国际行为体组成的全球性市民社会网络中，"跨国传媒"占据的地位更是不可忽视的。"跨国传媒"作为一支独立的力量也参与培育一个在很大程度上有别于民族国家的全球市民社会。例如，全球化理论风靡学术界时，反全球化就成为媒体设置的公共议题，这一点我们可以从每届世界贸易组织（WTO）会议召开之际，传媒对反全球化示威游行连篇累牍的报道中看出。其实，反全球化的力量根本不足以与全球化的推动力量相抗衡，然而，正是"跨国传媒"的参与提供了这种对话的公共

---

① ［美］罗伯特·麦克切斯尼著，谢岳译：《富媒体、穷民主——不确定时代的传播秩序》，新华出版社 2004 年版，第 137 页。

② 在这里，不否认"跨国传媒"本身作为跨国公司的商业性的危害，但本文认为那是一个全球传播治理的问题，而不是"跨国传媒"本身的属性问题。当然，"跨国传媒"的理想模式是"民主传媒控制"，即"决策必须卷入到了信息生产与分配之中的各方的联合任务……那些信息的接受者应该把他们的反应反馈给这一系统，从而影响它的产出结果"。参见［英］肯尼思·麦克利什主编，查常平译：《人类思想的主要观点——形成世界的观念（中）》，第 897 页。关于全球传播的治理请参阅杜永明：《全球传播治理：国际传播由"制"到"治"的范式转换》，《世界经济与政治》2003 年第 10 期。

空间。事实上，在一个"新自由主义"大行其道、商业法则至上的时代，"非市场的、非商业的和民主的力量几乎不可能生存下来"。① 世界上最有影响的国际组织——联合国被"架空"的现实说明，当前国际政治的现状已经无视全球公共领域的存在，如果"跨国传媒"这样一个脱胎于公共领域并经常充当"全球公共领域"代言人的跨国组织不能作为"全球市民社会"的成员，那么"全球市民社会"这个概念基本上只能停留在学者的书架上。因此，本文认为，"跨国传媒"应该作为全球市民社会并在其中发挥重要作用。同时，构筑全球市民社会也是势在必行，然而，依托现行的国际体系，对当前的国际政治进行改造，把"生活世界"从权力与经济的系统压力下解放出来，使社会民主由政治领域走向生活世界，建构国家与市民社会的规范格局乃至全球市民社会秩序，就目前来看是无法实现的。哈贝马斯认为，"不同的文化类型应当超越各自传统和生活形式的基本价值的局限，作为平等的对话伙伴相互尊重……以便共同探讨对于人类和世界的未来有关的重大问题，寻找解决问题的途径。这应当作为国际交往的伦理原则得到普遍遵守。"② 然而，大多数学者都认为，哈贝马斯的观点只是一个"乌托邦"的方案。

如此看来，正如国际政治格局的形成必须依赖于民族国家一样，培育全球市民社会也需要依托一定的载体，"跨国传媒"能否承担这一使命，既需要历史来选择，也需要学界进一步观察。本书认为，作为一个独立的国际行为体，"跨国传媒"本

---

① [美]诺姆·乔姆斯基著，徐海铭、季海宏译：《新自由主义和全球秩序》，江苏人民出版社2000年版。
② [德]尤尔根·哈贝马斯、米夏埃尔·哈勒著，章国锋译：《作为未来的过去》，浙江人民出版社2001年版。

身不但是全球公共领域的一部分，并且将发挥构筑全球市民社会的引擎作用。

第三节 "跨国传媒"与民族国家

在以民族国家①主导的现行国际体系之下，分析"跨国传媒"在国际关系中的特征、地位与影响，需要对"跨国传媒"与民族国家的关系进行考察。本节把"跨国传媒"和民族国家分别作为全球社会的传播层面和政治层面的个体单位，来分析其在全球社会的立体结构中的互动和影响。

一、"跨国传媒"超越民族国家的限度

当前，全球化和数字革命的浪潮使国家间的传播超越了"国际传播"的范围。② 在全球范围内扩大和蔓延，这就产生了传播学界通常所说的"全球传播"。③ 全球传播超越了国际

---

① 本文所说的民族国家（Nation-State）特指从近代早期在欧洲兴起的主权国家，是指"国家的领土和制度由一个唯一的，具有同种文化的，在种族方面可以定义为民族的成员所掌握的国家"，指源于西欧近代国家观念而形成的、联合国赋予其国际法独立法人地位的现代意义上的国家。

② "国际传播"是以民族国家为主体的跨文化的信息交流与沟通，是囿于威斯特伐利亚体系下的"国家中心主义"所衍生出来的概念。福特纳的定义是"超越各国国界的传播，即在各民族、各国家之间进行的传播"。具体参阅［美］罗伯特·福特纳著，刘利群译：《国际传播全球都市的历史、冲突及控制》，华夏出版社2000年版，第5—6页。

③ 为了解释"跨国传媒"和民族国家的关系，本文还引入了一个传播学概念，即"全球传播"。"全球传播"是指在全球范围内的传播，它的主要使动单位是"跨国传媒"，传播对象则是个人、团体、国家等个体单位。把民族国家置于全球传播的基础上，有利于考察民族国家与"跨国传媒"的关系，如果还沿用"国际传播"的概念则又陷入了"媒体帝国主义"理论的老套路。

传播的传统限度，"意味着在市场经济导向下支配的信息流量以及与信息相关的社会、政治和文化的传播开始跨越民族国家的界限"。①

在全球传播体系中，不同民族、国家和地区的文化正在融进一个由全球传播体系所构筑的公共活动空间中，出现了超越传统政治力量和地域界限并与"跨国传媒"有千丝万缕联系的"全球公共领域"。一方面，随着信息传播速度和范围的空前发展，传播技术的高度发达，人们获取信息的渠道也更加多元化；另一方面，传播技术的发展实现了传媒与受众的互动交流，个性得以张扬，社会出现了不同的声音，多种多样的民意加速了政治民主化的进程。这样，本在民族国家主权范围之内的"民意操控"权被"跨国传媒"悄无声息地让渡出去，一国之内发生的事件通过"跨国传媒"的议题设置也变得国际化了。同时，"跨国传媒"不仅是文化传承、信息交流的重要载体，也是一个播种、推广、强化其价值观的重要工具，"跨国传媒"按照传播的规则来构筑全球传播体系从而影响民族国家。"金融资本按照真实时间流动的全球化模糊了民族国家的边界，最终是跨国的信息传播新网络按照经济资本和文化资本的生产和分配重新分割世界空间。"② 在这样的背景下，民族国家的外交政策和对外活动就必须考虑到全球传播所带来的"全球公共领域"的影响力。在国际传播时代，传媒承载了双重的功能——"既是民族国家的公共服务行业，又是塑造民族国家

---

① 陈卫星：《信息传播中全球化与本土化的悖论》，北京广播学院"中国首届传播论坛"发言稿，2001年9月，http://academic.mediachina.net/lw-view.jsp?id=430。

② ［法］阿芒·马特拉著，陈卫星译：《世界传播与文化霸权：思想与战略的历史》，中央编译出版社2005年版。

文化认同的中心机制"。① 依此判定，在全球传播时代，"跨国传媒"既要作为全球社会的公共服务领域，又要塑造全球文化的认同机制。

由此看来，在全球传播体系中"跨国传媒"的地位无疑是十分重要的，因为它不仅是传播文化的载体，还因为"其所售出的主要商品是信息和娱乐"，"在提供信息和娱乐以及进行说服方面有无比的威力"。② 在区域社会向全球社会过渡、国际传播向全球传播转型的时代，一国之内的传媒政策和管理原则正经历一个由公共利益优先向市场驱动主导转变的过程，"跨国传媒"正是利用这一契机来削弱民族国家对媒体的影响和对媒体集团的控制，分享传统上属于民族国家主权范围的权力，壮大作为国际独立行为体的实力，营造一个信息交流与互动、文化交汇与共融的全球传播环境。在此意义上，全球化语境中"跨国传媒"显然已经超出了民族国家的可控范围，超越了民族国家的限度。

二、"跨国传媒"与世界传播秩序的转型

涉及"跨国传媒"与民族国家关系的一个重要问题是全球传播与现行国际传播秩序的矛盾，全球传播要求信息在全球范围自由流动，然而，现行的传播秩序却是"人类权力斗争的地

---

① David Morley and Kevin Robins, "Spaces of Identity, Global Media, Electronic Landscapes and Cultural Boundaries," London: Routledge, 1995.

② [美]叶海亚·迦摩利珀著，尹宏毅译：《全球传播》，清华大学出版社2003年版。

理政治后果"，① 由于西方国家在技术上的强势地位，现行的国际传播秩序主要由国际电信联盟（ITU）、国际通信卫星组织（INTELSAT）等国际组织控制，虽然发展中国家成员众多，但声音微弱。发展中国家要求以国际法的形式建立国际信息高速公路的规章制度，但发达国家根本不予理睬，甚至公然挑战国际法。这种旧有的以民族国家为主体单位的国际传播管制，显然不利于全球传播秩序的形成。

不过，"跨国传媒"的兴起正在挑战这一传统的国际传播秩序，引导"国际传播秩序"向"全球传播秩序"转型。一个明显的例子是2003年12月10—12日在瑞士日内瓦召开的信息社会世界峰会（WSIS），发达国家领导人"集体缺席"会议。然而，在这次大会上，另一个引人关注的现象是非政府组织和商业机构占据了重要位置，会议也达成了有利于"跨国传媒"的协议，首次将私营企业和个人吸引到全球社会的建设之中。由于世界范围内信息资源的重新优化组合，"跨国传媒"强劲崛起，已经在冲击传统的国际传播秩序。这种动力不是民族国家之间力量的此消彼长，而是一种外围力量的冲击，② 因为"跨国传媒"既"无视发达国家在国际传播中的霸权地位"，也讨厌发展中国家"一方面垄断国内的传播秩序，一方

---

① Cantor, "Inventing the Middle Ages. The Lives, Works, and Ideas of the Great Medievalists of the Twentieth Century," New York: William Morrow and Company, Inc., 1999.

② 有的学者从现有"跨国传媒"集团大多属于西方国家这一现实而认为"跨国传媒"由发达国家操纵，这一观点有待商榷，因为"跨国传媒"关心的只是商业利益，况且"跨国传媒"本身和所谓的母国也有着不可调和的矛盾。麦克切斯尼就认为："联合媒介公司（跨国传媒）产品代表美国本质这种说法也站不住脚，因为媒介系统正在被逐渐集团化、商业化和全球化。"具体参见罗伯特·麦克切斯尼著，谢岳译：《富媒体、穷民主——不确定时代的传播秩序》，新华出版社2004年版。

面又抗议外部传播被西方强国所控制"。① 当前,"跨国传媒"在全球传播中的地位和作用越来越大,但并不享有正式会员的资格。"跨国传媒"以什么样的形式和身份参与进来?"跨国传媒"究竟在多大程度上能够参与建立新的传播秩序而又不损害民族国家的主权和利益?

三、"跨国传媒"与民族国家的共生

作为两个不同层面的独立的国际行为体,"跨国传媒"所拥有的权力和影响与民族国家旗鼓相当,甚至要超过民族国家。通过全球性的业务拓展,"跨国传媒"积极推进市场、信息、文化和技术等的结合,它已经使传统国际社会中民族国家的地理政治和文化单位无法单独维持,在传统的国际政治领域之外构筑了一个独特的领域。全球传播的动力是市场经济中的交换利益,"跨国传媒"成为这个交换机制中的核心单位。同时,全球传播的市场推广伴随着文化冲突,而民族国家的核心则是其文化的价值体系,只有在这个体系的基础上才能维系民族国家的存在。因此,在文化与市场的对垒和取舍中,民族国家与"跨国传媒"存在着竞争关系。所以,要考察"跨国传媒"与民族国家之间的关系,就得考虑"跨国传媒"究竟在社会观念、经济结构和意识形态等领域中对民族国家产生了什么样的影响,这其中包含着民族国家的利益追求和文化趋同带来的信念落差。值得注意的是,在全球社会中,"跨国传媒"与民族国家关系的

---

① John Tomlinson, "Cultural Imperialism: A Critical Introduction," John Wiley & Sons, 1991; 亦可参见 [英] 汤林森著,冯建三译:《文化帝国主义》,上海人民出版社 1999 年版。

背后是民族国家之间的互相博弈，正是这种博弈为"跨国传媒"提供了发展的平台。一方面，全球传播体系中的"全球公共领域"在文化和意识形态上尚不能摆脱民族国家的影响，而"跨国传媒"也总是在推广普世价值与尊重文化多样性的天平上寻找平衡。虽然在形式上"跨国传媒"已经冲破了传统地缘政治的界限，但由于技术、财力和传播手段等方面的不平衡，其内容上更多的还是西方文化特别是美国文化的单极主导，西方国家的国家利益、价值取向和生活方式以文化普遍主义和消费主义为外包装，通过传媒在"全球公共领域"内传播。另一方面，发展中国家以尊重"跨国传媒"市场功能的方式来换取其对该国政治观念、文化价值的认同，二者之间不是单纯的国家之间或"跨国传媒"集团之间的竞争，也不存在直接的利益冲突，而是两个不同利益层面的国际行为体的合作与共处。

总体来看，"跨国传媒"的兴起打破了传统的时空界限，形成了全球传播的基础设施（Infrastructure），创造了"全球公共领域"。民族国家在全球传播体系中行使着自己的权力，保护着本国的社会—历史—文化生态圈。[①] 在"全球公共领域"，民族国家和"跨国传媒"有共同的责任，来创建一个有利于人类社会持续和平与进步的全球化立体网络体系。

四、小结

作为一个有其自身动力机制的国际行为体，在影响世界进程

[①] 作者不认为全球传播将削弱民族国家主权，因为全球传播将经过一个长期的、复杂的历史生成过程，正如法国年鉴学派大师布罗代尔所说，一种体系的产生是一个漫长的过程，其消失过程也同样漫长。

的速度、形式和规模上，在改变国际政治经济格局等方面，"跨国传媒"在多种力量的离合消长之中扮演着重要角色，并产生深远的影响。首先，"跨国传媒"在国际关系活动中已经不再仅仅充当一般的中介角色或处理国家间关系的工具，在更多的时候，它是一种"催化酶"，加快整个活动的节奏，影响整个活动的进程，这种催化功能主要表现于影响民族国家对外政策决策过程、深化民族国家关系、驱使国际关系公开化和民主化等。其次，"跨国传媒"已经不同于传统的国际行为体，其影响力既是有形的，又是无形的，既是"硬权力"，又是"软权力"，具有较强的渗透性，深入到了全球社会的方方面面。再次，"跨国传媒"突破传统的国际政治框架从外围影响国际关系，从而加重国际关系领域的传媒色彩，当"跨国传媒"在推动国家行为、影响国际关系等方面发挥重要作用时，其本身也已经成为国际关系领域里的现实行为体。正如传媒在西方国家内部发挥"第四权力"的作用一样，"跨国传媒"在全球社会中也将发挥超越民族国家、非政府组织和政府间国际组织的"全球公权力"的角色，它正在壮大并潜移默化地改变国际关系的传统范式，从这个意义上说，"跨国传媒"本身正在培养和塑造一种新型的国际关系。

作为一种全新的全球社会权力模式，传播学界的批判学家和社会民主人士对"跨国传媒"的发展保持着警觉。[1] "跨国

---

[1] 在众多的批判学者中，美国学者乔姆斯基和麦克切斯尼最有代表性，乔氏通过对"新自由主义"背后的传媒的运作过程进行了深刻的批判，麦氏认为"跨国传媒"将"民主私有化"了，可贵的是后者提出了传媒治理的一系列意见，这有利于推动"跨国传媒"向全球市民社会这个轨道上发展。具体参见罗伯特·麦克切斯尼著，谢岳译：《富媒体、穷民主——不确定时代的传统秩序》，新华出版社2004年版，第411—424页；[美]诺姆·乔姆斯基，徐海铭等译：《新自由主义和全球秩序》，江苏人民出版社2000年版，"导言"第3页；[美]诺姆·乔姆斯基著，江丽美译：《媒体操控》，麦田出版公司2003年版。

传媒"在多大程度上能够做到塑造并尊重"全球民意"？市场准则与公共利益如何兼顾？它的壮大是否会导致公权力的垄断？这种垄断将带来什么样的后果？"跨国传媒"是否是"新自由主义"的代言人？在与民族国家的合作中，"跨国传媒"怎样把不同民族国家的民族特色融入到全球文化中，怎样冲破旧的国际关系的束缚从而平衡不同民族国家的利益？"跨国传媒"究竟在多大程度上塑造着新的国际关系，它在其中的地位又是如何？这些既是业界必须重视的全球传播的治理问题，也是学界需要关注的国际关系发展中的新问题。

第 三 章

互联网与国际关系

21世纪以来,信息通信技术进入了新的繁荣发展时期,互联网使人们的生活方式、生产方式和思维方式都摆脱了时空的限制,以互联网为代表的技术革命及其引领下的全球化浪潮正在推动人类社会朝着崭新的阶段迈进。马克思曾这样说过:"在我们这个时代,每一种事物好像都包含着自己的反面。"我们发现,在互联网解构和重构社会的过程中,人们一方面享受着互联网带来的经济效益、生活便利、一定程度的自由与参与;但另一方面,新的网络空间里滋生着网络安全、恐怖主义、监听、信息泄露、个人隐私、假新闻、数字鸿沟等种种问题。[1] 这些问题伴随着全球化日益国际化,给全球的安全、政治、经济、社会文化、信息交往、冲突与合作均带来了巨大改变,对世界各国和国际关系产生了深刻的影响。梅尔文·克兰兹伯格认为"技术既无好坏,亦非中立",人类所释放出来的技术力量与人类本身互动的复杂矩阵仍然是有待探索的问题。

---

[1] 熊澄宇、张虹:《新媒体语境下国家安全问题与治理:范式、议题及趋向》,《现代传播(中国传媒大学学报)》2019年第5期。

全面看待互联网对国际关系的影响有助于各国把握好互联网信息技术带来的空前的发展机遇；同时，对互联网带来的负面效应和挑战，各国不应该回避，[1] 而是应该直面冲突、携手面对，减少冲突，增加在共同利益方面的合作和互动。

第一节　互联网的起源与发展

作为20世纪40年代的信息革命的产物，互联网自产生以来一路高歌猛进，以不可逆转的趋势席卷全球，到今天，我们已经进入了"互联网+"时代，互联网不仅彻底改变了人们的生活方式和思维方式，也深刻地影响着国家间交往、国际社会甚至世界格局。

一、互联网的起源、诞生和发展

互联网的起源可以追溯到20世纪40年代的信息技术革命时期。这一时期的革新主要在两个领域：电子计算机技术和信息通信技术。美国于1946年诞生了世界上第一台电子计算机，电子计算机技术的发明带动了航天、生物技术、新材料技术等相关领域的发展。随之而来的是20世纪70年代新的通信技术的发展，特别是卫星通信和光纤通信技术的兴起，使得美国于1965年成功发射了第一颗通信卫星、1977年铺设了第一条光纤通信线路。这为互联网的诞生提供了内在的物质基础。

---

[1] 申琰：《互联网与国际关系》，人民出版社2012年版。

互联网的诞生有着浓浓的政治色彩，是美国"应急性反应"的产物。20世纪60年代，美苏冷战正"打的火热"，苏联于1957年发射了第一颗人造卫星"斯普特尼克一号"（Sputnik-1），美国对此反应十分激烈，据时任华盛顿国际间谍博物馆馆长文斯·霍顿（Vince Houghton）博士对外表示："当看着苏联第一颗人造卫星成功发射之后，美国像是疯了一样，试图通过各种方式来证明自己的实力，并超越苏联。"采取的措施之一就是成立了美国先进技术研究项目局，负责研制和开发最新型的武器来应对苏联的核威慑。为了确保美国能够经受住苏联的一次核打击并能有效的将核反击指令上传下达，该局开始资助保罗·巴兰（Paul Baran）的无明显中心节点网络研究。[①] 巴兰认为，以往信息通讯体系的脆弱在于"信息的聚集"，要想提高系统的抗风险能力，必须将信息资源"分散式部署"。根据巴兰的设计，该系统可以独立于指挥中心运作，所有的信息都会沿不同路线寻找路径，可以在任何节点上重新组合完成信息。从理论上说，这样的网络几乎不可能被摧毁，1969年该实验性网络正式上线，并命名为"阿帕网"（ARPA-NET），这就是互联网（Internet）的雏形。此时的网络只开放给美国国防部及其有合作关系的研究中心使用，直到1989年，"阿帕网"逐渐被美国国家科学基金会网络（NFSNET）替代，互联网才由军用转为民用。

互联网的定义有广义和狭义之分。刚开始时，计算机界形成了计算机网络，通信业形成了通讯网，广播电视界则有自己

[①]《信息时代的外交：挑战、衰退与转型》，载肖佳灵、唐贤兴主编《大国外交——理论·决策·挑战》，时事出版社2003年版。

的有线电视网，这些网络之间互不干涉，独立运作。互联网一词刚开始时是狭义上的互联网，它特指当今全球性的计算机互联网络。20世纪后期数字化的信息技术革命兴起，加速了产业融合，从而开始了三网融合的过程，互联网使得三个网都接受IP地址，实现了网络层上的互联。随着互联网涵盖的范围不断扩展，1995年美国联邦网络委员会将"互联网"界定为全球性的信息系统：（1）在逻辑上由一个以网际互连协议及其延伸的协议为基础的全球唯一的地址空间连接起来；（2）能够支持使用传输控制协议和网际互连协议（TCP/IP）及其延伸协议，或其他IP兼容协议的通信；（3）借助通信和相关基础设施公开或不公开地提供利用或获取高层次服务的机会。[①] 这才是我们现代意义上互联网的含义。

在过去的几十年中，互联网以不可思议的速度席卷全球，实现了真正的"天涯若比邻"。20世纪90年代以来，互联网的发展较为明显的趋势就是互联网的全球化。随着信息高速公路和国家信息基础设施的建设开始在各国兴起，新一轮的科技竞争在全球拉开序幕，1994年，美国政府进一步提出了建设"全球性的信息基础设施"，将世界各国的信息基础设施网络连接起来。伴随各国信息基础设施的建设和连接，逐步构建起了全球的信息网络，促进了信息的全球化。截至2021年1月，全球使用互联网的人数达到了46.6亿。在今天，我们真正可以"坐地日行三千里"，通过互联网，我们可以将视线触及到世界上的任何一个角落。

[①] 申琰：《互联网与国际关系》，人民出版社2021年版。

二、"互联网+"时代的到来

以互联网技术的不断成熟为基础，信息化、网络化、数字化及智能化已经充斥于我们生活的方方面面。由于互联网作为一种新型的传媒手段，具有虚拟性特征，但是我们的现实世界是客观存在的，所以互联网与政治、经济、文化等社会各领域结合是其得以不断发展的基础，也是其发展的必然趋势。2012年于扬在易观第五届移动互联网博览会上首次提出了"互联网+"的概念，我们可以从两个角度来理解"互联网+"：一种是将"互联网"和"+"分开，"+"意味着加，也就是互联网和其他领域的结合，将互联网作为核心概念，与工业、商业、金融服务业等全面融合；另一种路径就是将"互联网+"当称一种整体性概念去理解，通过传统产业的互联网化，完成传统产业和互联网的双向升级，是互联网的一种深化发展。通俗的说，"互联网+"就是互联网+各个传统行业，但不是两者机械的相加，而是利用现代信息通信技术和互联网的平台，使传统产业与互联网、大数据、云计算深度结合，完成产业的互联网化升级和互联网发展的纵深化。正如马克思主义所认为的，"各种经济时代的区别，不在于生产了什么，在于怎样生产，用什么劳动资料生产"。"互联网+"作为一种新的经济形态，开创了一个新的经济时代。

第二节 "互联网+"时代的新媒体与传统媒体

一、传统媒体与互联网新媒体

传统媒体是相较于近几年兴起的新媒体而言的，它是种通过某种机械装置定期向社会公众发布信息或者提供教育娱乐平台的媒体，以报纸、电视、广播为代表的传统媒体也曾创造过一个时代的辉煌。在新媒体还未萌芽以前，传统媒体以其很强的公信力和权威，报道内容的客观、公正、真实，受到受众群体的信任，在很长一段时间都处于社会传播的主导地位，也是市场各大主体进行广告宣传的主要方式。

随着"互联网+"时代的到来，互联网开始入侵到各行各业，作为对互联网发展较为敏感的传播业也开始了"互联网+传播"的模式，于是以互联网、手机媒体等为代表的数字化新媒体便应运而生。中国人民大学匡文波教授认为：新媒体诞生对于文明的意义，不亚于中国人发明纸张的意义。互联网新媒体对全社会的影响是全方位的，不仅影响着政治和经济方面，而且深刻地影响着我们的生活方式和思维方式，它正在以势不可挡的势头，迅速的深入到国际政治、经济、文化、思想等各领域，改变着人们的生活和世界的面貌，推动人类文明朝着更高的层次迈进。

新媒体一词源于美国哥伦比亚广播电视台技术研究所所长P. 戈尔德马克的一份商品开发计划，之后美国的传播政策总统特别委员会主席在1969年向时任总统尼克松提交的报告中，多次使用"新媒体"（New Media）一词，这一概念自此就在美国流行开来，并逐步扩展至全球。

早期联合国教科文组织将新媒体定义为网络媒体，国内外学者对新媒体的概念各持己见。目前学术界对于新媒体的概念中存在最大问题就是界定过宽且逻辑混乱，有些学者甚至认为，"新"似乎意味着近些年来更为成熟的一种媒体发展方式，因此这个词可以包括所有的媒体格式，只要它在发展。然而并非新出现的媒体就是新媒体，列夫·曼诺维奇（Lev Manovich）认为把"新媒体"一词以时间为标志只是故事的一半，因为新媒体中的元素在传统媒体中也在能存在。[1] 清华大学熊澄宇教授认为：所谓新媒体，是建立在计算机信息处理技术和互联网基础之上，发挥传播功能的媒介的总和。它除了具有电视、报纸等传统媒体的传播功能外，还具有交互、及时延展等特点，互联网用户既是信息的接受者也是提供和发布者。包括数字化、互联网、发布平台、编辑制作系统、信息集成界面、传播通道和接受终端等要素的网络媒体，已经不仅仅属于大众媒体的范畴，而是全方位立体化地融合大众传播、组织传播和人际传播方式，以有别于传统媒体的功能影响我们的社会生活。[2] 美国《在线》杂志对新媒体的定义是"所有人对所有人的传播"。资深媒体分析师克劳斯比（Vin Crosibe）认为："新媒体就是能为人们提供个性化内容的媒体，是传播者和接收者融会成对等的交流者、而无数交流者相互之间也可以进行个性化交

---

[1] Eugenia Siapera, "Understand New Media," London: SAGE Publications, 2018.
[2] 熊澄宇、廖毅文：《新媒体——伊拉克战争中的达摩克利斯之剑》，《中国记者》2003年第5期。

流的媒体。"

我们可以从以下几个方面来理解新媒体：首先，互动性是新媒体最本质的特征。传统媒体的身份定位十分清晰，例如报纸、广播、电视等传统媒体扮演的都是单纯的信息传播者的角色，今天报纸刊登什么我看什么、广播播什么我听什么，接收者只能被动地接受信息，无法发表对于所接受内容的看法和喜好。新媒体的出现，使得双方的角色模糊起来，接收者不再是被动地接受信息，而是可以对自己得到的信息发表意见，按照自身的喜好接收消息，甚至成为了消息的传播者。它使得每个人不仅有听的机会，说的渠道，还有了传播的条件。以互动性这一本质特征对媒体进行筛选，我们会发现有一些所谓的新媒体实则是披着"新外衣的旧媒体"，如车载移动电视、楼宇电视等等。其次，新媒体是一种媒体逻辑的改变。新媒体在技术上是数字化的，在传播过程中是高互动性的，是计算机的计算逻辑特征和交流融合逻辑的结果。新媒体不是简单地将传统媒体与互联网结合，而是一种新的媒体治理理论、运营模式和机制体制。最后，新媒体是一个宽泛的概念。它是利用计算机技术、人工智能、大数据等技术，以电脑、手机、数字电视机等终端，向用户提供信息和服务的传播形态。目前，新媒体主要包括网络媒体、手机媒体和网络电视等媒体形态。[①]

二、互联网新媒体与传统媒体的竞争和融合

（一）传统媒体与新媒体的兴起

过去很长一段时间，我国社会一直以传统媒体为主。在互

---

① 匡文波：《"新媒体"概念辨析》，《国际新闻界》2008 年第 6 期。

联网与无线通信技术普及之前,广播电视等传统媒体是绝大多数公众获取新闻资讯、欣赏影音娱乐作品的渠道,也是政府部门、商家发布信息和开展宣传活动的主要媒介。因此,传统媒体掌握着最权威的信息资源,并且汇集了节目制作、创编等方面的专业人才,无论是全国性还是区域性的传统媒体,都在公众中具有足够的感召力与公信力。① 近些年来随着互联网技术的不断升级,新媒体蓬勃发展,加上人们的阅读习惯在信息时代的快餐化,改变了现有媒介的格局,传统媒体的主导地位受到了严重冲击。从《传媒蓝皮书:中国传媒产业发展报告(2021)》数据中我们可以看出,2020年,虽受新冠肺炎疫情影响,2020年中国传媒产业的总体规模仍然保持增长,但增速有所下降。中国传媒产业总产值规模达25229.7亿元,较2019年增长6.51%。但是在传统传媒和现代传媒领域两极化发展态势明显,报刊、图书等传统领域业务收入有所下降,2020年报纸、期刊广告刊例花费分别下降28.2%、30.0%,报刊经营收入继续大幅收缩;而网络广告、网络视听等互联网业务在疫情中却依旧超常发挥。② 新媒体作为互联网飞快发展的产物,对传统媒体产生了深刻的冲击,转移了传统媒体受众的注意力并撼动了其发展基础。

相较于传统媒体,新媒体的确具备得天独厚的发展优势:首先,新媒体的时效性强。传统媒体在报道新闻时,往往需要经过一套十分繁琐的工作程序,涉及素材采集、编辑、审查等

---

① 杨光杰:《关于传统媒体与新媒体融合发展的探究》,《电视指南》2016年第12期。

② 《传媒蓝皮书:中国传媒产业发展报告(2021)》,https://book.kongfz.com/26455/4374120581。

等，当新闻呈现在受众眼前时，已经不那么"新"了。而新媒体是在互联网技术基础上衍生出的一类新的媒体形式，它凭借互联网的信息加工技术和跨时空传播特点，一条消息可以在几秒钟之内走遍全国各地，随着各国网络的互联互通，一国内部的消息也可以通过互联网迅速传向全世界。毫不夸张地说，上一秒发生的新闻，下一秒我们就可以在各大媒体的互联网平台上看到相关报道，在这个信息快速流转的时代，时效性往往是抢占市场的第一要素。消息的滞后性削弱了传统媒体的可读性，使得传统媒体在当今时代逐渐落后。

其次，新媒体具有互动性，这也是新旧媒体之间最本质的区别。报纸、电视和广播等传统媒体由于单向传播的特性，其功能更多体现在信息的传递上，记者采集、编辑信息并发布一条新闻，更多起到的是"告知受众"的作用。在传统媒体内容生产的相互关系上，消息生产者和受众关系是一种自上而下的信息传输链条，链条的内在逻辑是"这些事情你不知道，我要告诉你"。进入"互联网+"时代，由于信息双向传播技术的实现并广泛运用于媒体行业，阅读量、推播比、点赞数、转发数等用户信息反馈数据成为内容生产与传播的风向标。内容生产者的心态从"我要说给你听"变成"如何让你喜欢"。双方的关系从俯视变成平视，并逐渐朝着完全围绕目标受众的喜好进行"仰视导向"内容生产的趋势发展。[①]

（二）传统媒体和新媒体的竞争

新媒体的及时性、双向互动等特征使得信息生产者与受众之间建立了亲密联系，这些新特征都广受大众的青睐，越来越

---

① 孟光野：《互联网技术对传媒内容生产的影响》，《记者摇篮》2021年第1期。

多的人选择新媒体作为信息阅读的主要模式,在这种环境下,传统市场份额不断减少,但这并不意味着传统媒体应该放任自己被淘汰乃至消失,其仍旧具存在价值。首先,在新媒体背景下,传播信息变得十分自由,人人都可以是信息的创造者,随之而来的是信息出处难以溯源,虚假信息盛行,一旦虚假信息被播报,引起了社会舆论,就会引发社会震荡,危害公共安全,损害公众利益。例如,2011年3月日本发生9.0级大地震引发海啸,导致福岛核电站发生核泄漏,我们身边一些网民开始热议核辐射的影响。网络谣言乘虚而入,称海盐受到核污染,抢盐风潮开始爆发,再有"碘盐可以预防核辐射"的谣传使公众陷入恐慌并开始抢盐。之后权威部门辟谣,最后又演出了全民"退盐"的社会闹剧。这一事件最后的得益者是背后造谣的谋利组织,广大民众不明真相,自身利益受到了严重损失,造成了不小的社会震荡。其次,在新媒体时代,人人都成了"自媒体人",进入媒体的门槛变低。就自媒体而言,其有新媒体的部分功能,但没有专业的采编队伍,存在传播混乱、杂乱无章、没有权威性、没有公信力等缺陷,可信度大打折扣。伦敦大学教授威廉·戴维斯指出,"传统主流媒体长期以来奉为圭臬的'真相'已经跌落神坛,逐渐失去了主导社会共识的力量,西方社会已进入'后真相时代'。"[1] 而传统媒体之所以能够长时间立足市场,究其原因就是其具有权威性,播报内容的真实性、专业性、公正性。传统媒体发展时间比较早,也比较长,它的背后有一群专业过硬、根基牢固的新闻采编人

---

[1] William Davis, "The Age of Post-Truth Politics," https://www.nytimes.com/2016/08/24/opinion/campaign-stops/the-age-of-post-truth-politics.Html.

才队伍。① 传统媒体与新媒体各自具有优势，都有固定的受众群体，在媒体行业发展中，传统媒体与新媒体的科学竞争能够有效提升二者探索研究创新发展之路的动力，二者的合作发展又能实现信息、技术、资源的共享。借助各自的优势，为广大受众提供更好的信息获取体验，所以传统媒体与新媒体的科学竞争与创新合作是新时代媒体业发展的必然选择，有重要的时代意义。②

（三）传统媒体和新媒体的融合

1. 媒体融合现状

"传播媒体的形态变化，通常是由于可感知的需要、竞争和政治的压力，以及社会和技术革新的复杂相互作用引起的。"③ 中国媒体形态由于受众需求、传媒间的竞争、政策的日益宽松以及社会的进步、技术的发展等因素正在深刻转变。面对新媒体带来的冲击，传统媒体在积极应变，报纸、广播、电视作为传统媒体信息的几大载体，开始逐渐改变自己的媒体态，与互联网新媒体从以前的互不干涉状态，逐渐走向互动、整合甚至是融合。学术界将这种状态称为"媒体融合"，中国的"媒体融合"正如火如荼地展开。目前国内传统媒体与新兴媒体融合基本上有三种路径：第一种是固守内容优势。认为自身属于传统媒体，有内容优势，便直接将现成的内容直接放在APP、微信、微博上，认为这种方式就是融合，殊不知这种路

---

① 杜高富：《浅谈新媒体和传统媒体在新时代发展中的优劣势》，《法制生活报》2021年第3期。
② 张濛：《传统媒体与新媒体的竞争与合作探讨》，《新闻研究刊》2019年第2期。
③ ［美］罗杰·菲德勒著，明安香译：《媒体形态变化：认识新媒介》，华夏出版社2000年版。

径是错误的。第二种是主业开始滑坡,开始寻找多元产业支撑。即拓展其他产业以获得较好收益来支撑传媒主业。有些地方报纸广告收入年年持续下跌,只好通过多元化发展来支撑,例如开拓房地产、展会等。第三种是面对互联网冲击,开始彻底改变自己的思路,改变自己的做法,重新架构自己的生产流程,彻底拥抱互联网。[①] 2014 年 8 月 18 日,中央全面深化改革领导小组第四次会议通过《关于推动传统媒体和新兴媒体融合发展的指导意见》,强调融合既要遵循新闻传播规律,也要掌握新兴媒体的发展规律;在互联网思维的支撑下,必须坚持一体化发展,坚持先进技术做支撑。需要创新采编流程、优化信息服务;所有媒体要以内容优势赢发展优势。积极推进、科学发展、规范管理、确保导向。内容、渠道、平台、经营、管理等方面深度融合,而且要一手抓融合,一手抓管理,确保融合发展朝着正确的方向推进。[②] 国家的媒体融合"发令枪"一声枪响,开启了"中国媒体融合元年",媒体融合正式上升为国家层面。

2. 媒体融合的层次

"媒体融合"不是将传统媒体和新媒体的内容和技术进行简单嫁接的过程,它分为不同阶段和层次。胡正荣教授认为,从媒体融合角度看互联网,其发展经历可以划分为三个阶段,即 web1.0、web2.0、web3.0 时代。所有传统媒体要想融入互联网都需要经过三个阶段:门户媒体时代,即 web1.0。传统媒

[①] 胡正荣:《传统媒体与新兴媒体融合的关键与路径》,《新闻写作》2015 年第 5 期。
[②] 《推动传统媒体和新兴媒体融合发展指导意见审议通过》,新华社,http://culture. people. com. cn/n/2014/0821/c 172318 - 25511854. html,2014 - 08 - 21。

体利用 IT 技术，将内容产品上线，比如开发一个手机软件，开通微博、微信就够了，以用户数、点击率、流量为最大目标。这个时代基本上已经过去了。社交媒体时代，即 web 2.0。这个阶段除了传统媒体的手机软件，还要有通过社交功能将用户聚合起来的能力。聚合用户后，还要通过掌握、分析利用后台用户数据，给用户定制和推送信息与服务。场景媒体时代，即 web 3.0。以场景、细分和垂直、个性化服务为特征。如何把前面两个时代的内容和用户的价值都挖掘出来。[1] 中国人民大学徐颖认为，根据融合的程度不同，媒介融合大致可分为以下三个层次：媒介互动——你是你，我是我，你中有我，我中有你。一般指传统媒体与新媒体之间在内容和营销领域的互动与合作，各媒体之间仍然泾渭分明，但是在内容上、营销方式上出现互动和交叉，属于比较浅层次的融合。媒介整合——你我统一，协同作战。传统媒体和新媒体诉求的结合产生各种各样媒体所有权的合并与调整。通过所有权的合并，媒体融合将进入更深的层次，那就是组织结构性融合。此时的特征为一个传媒公司或者集团同时拥有报纸、电视、广播、网络等媒体形式，各媒体之间在统一的目标下最大程度地实现新闻资源的共享、开发与整合，各媒体平台协同运作，使媒体公司或集团产生 1＋1＋1＞3 的效果。媒介大融合——你不是你，我不是我，你就是我，我就是你。随着媒体整合的深入和传媒科技的发展，数字化将成为未来各媒体平台的共同存在形式，最终可能出现网络、媒体、通信三者的"大融合"，打造出全新的多种

---

[1] 胡正荣：《传统媒体与新兴媒体融合的关键与路径》，《新闻写作》2015 年第 5 期。

媒体形式于一体的数字媒体平台。①

简单来说,媒体融合是一个由浅入深、从现象到本质的过程。在媒体融合前期,传统媒体和新媒体之间是两个独立的个体,互动形态是两个主体下的部分之间的互动。传统媒体的内容被照搬到新媒体中,新浪、搜狐、网易等平台大部分新闻来自于报纸、广播。新媒体内容也偶尔向传统媒体输入,例如,安徽卫视的《每日新闻报》就将网络热议的话题作为选材内容,双方都把对方当成一种工具,以增加自己的用户数、点击率、流量。传统媒体看重新媒体受众信息收集的作用,新媒体看重传统媒体内容创造的作用,在这个阶段,无论新媒体和传统媒体之间的合作领域多么的广泛,仍然是两个独立个体之间的互动。媒体融合到中期,开始了所有权的合并,传统媒体和新媒体被整合在一个系统内,此时融合形态是一个总体之下、部分之间的互动。报纸、电视、广播和互联网按照自身不同的比较优势被放在不同的位置,将有限的资源实现效益的最大化。媒体工作者通过对信息的采集、加工、处理之后,通过分析后台用户数据,给不同受众群体定制和推送不同媒体形式信息与服务。美国佛罗里达州的坦帕新闻中心是美国媒体融合的先锋,它是由《坦帕论坛报》、坦帕电视8频道和TBO新闻网站组成。三家媒体同属美国媒介综合集团(Media General),彼此之间资源共享。据坦帕新闻中心的"媒体融合新闻内容协调官"肯耐特介绍,新闻中心一年大约有200—300条消息是三家媒体同时共享的,当然在报道的角度或报道的方式上有可

---

① 许颖:《互动·整合·大融合——媒体融合的三个层次》,《国际新闻界》2006年第7期。

能不一样。通常的做法是三家媒体一起开编前会，讨论各自的选题之后提出哪些新闻可以"进行融合"，以及如何进行融合。① 中国媒体融合做的比较好的例子当属湖南卫视，湖南卫视在中国的省级卫视中一直居于首要地位，现在其全媒体产品经营也非常成功。湖南广电正在重新改造他们的生态，一方面，从服务观众向服务用户去转型，一云多屏，产品设计在云端，设计成不同的产品，产品多样化、渠道多样化、平台规模化；另一方面，面向市场生态转变，现在湖南广电的市场竞争主体不再是湖南卫视，而是芒果传媒，是互联网上看到的内容。整个思路是一种全局性思考、全局性架构。② 媒体融合到最深的阶段，每个媒体形式都以数字化的形式存在。例如电视，可以与网络链接，可以接受和储存信息，还可以进行互动，这样的媒体形式是一个完全融合的数字媒体平台，意味着在这个平台，所有的东西完全是互联互通的，所有的人与物件都是联系到一起的。这时媒体公司的角色为信息的内容提供商和服务提供商，以用户为中心，服务为主旨。受众既可以接收量身定制的信息，也可以反馈信息，并且浏览的内容、形式完全由受众自己决定。

3. 现阶段媒体融合面临的困境

我国媒体融合总体上仍处于第一阶段，我国大部分媒体机构的互动仍然是两个单独的个体之间的交流，但向第二、三阶段迈进是未来媒体形态发展的大势所趋。传统媒体利用和借鉴新媒体的优势，向新媒体学习，通过技术革新和硬件改造，在

---

① 苏荣才：《对话美国报业总裁》，南方日报出版社2005年版。
② 胡正荣：《传统媒体与新兴媒体融合的关键与路径》，《新闻写作》2015年第5期。

传播方式上实现了创新发展。新媒体也开始频频与传统媒体"牵手"，传统媒体的权威性和内容生产优势使得两者开始逐步融合，并开始逐步实现资源的共享。在当前形势下，新媒体与传统媒体之间的融合，在一定程度上代表着全媒体时代的到来：将媒体形式进行有效的整合，同时共享媒体资源，更好发挥各自特点，在当前的媒介生态下更好地体现媒体价值并扩大影响力。其中最为主要的表现就是一组团队玩转多种媒体。[①] 同时我们也要看到，一个完全融合的数字媒体平台的实现还需要时间和技术的发展。目前，我国的媒体融合还存在诸多不足：首先，缺乏科学而完善的媒体融合体系，传统媒体和新媒体的相关运行机制及管理体系仍未完善。我国传统媒体的机制体制架构是传统的形式，很难适应融合媒体发展的需要。一方面，目前，有些媒体机构在新闻制作及传播中未注重对网络技术、信息技术及增强现实技术进行利用，导致新闻缺乏优化及完善，新闻内容及形态不够逼真及多元化，也未能够实现新闻传播中的二维突破，在这种情况下新闻整体框架的吸引力及创新性都比较缺乏，新闻受众缺乏关注；[②] 另一方面，新媒体的内容审核和发布则缺乏更加严格的审核流程，有待进一步完善，有些媒体对于新闻内容缺乏足够的重视，未能将具有优秀价值的相关新闻内容提供给用户，相关新闻作品缺乏独到见解及深刻思想，并未真正发挥出新闻应有的价值及作用。[③]

其次，媒体融合发展理念的落后。传统媒体要和新媒体之间实现真正的融合发展，最重要的是要培养现代互联网思维。

---

① 阎宏亮：《传统媒体与新媒体融合的现状与困境》，《今传媒》2021年第9期。
② 梁秀顾：《新时期媒体融合发展的困境与出路》，《传媒论坛》2021年第12期。
③ 梁秀顾：《新时期媒体融合发展的困境与出路》，《传媒论坛》2021年第12期。

互联网思维包括几个关键词：用户、开放、共享。现阶段有些媒体机构在实际发展中对于媒体融合缺少正确的态度，未深入学习、研究、落实相关理论指导，对于媒体发展的必要性及价值缺乏深入正确的认识。缺乏互联网思维导致有些媒体机构在设计、推送消息时，不考虑自身的用户在哪里、用户需要什么产品，不能够精准的提供消息和服务。开放理念的缺少导致媒体各组织之间各自封闭。你是做广播的，我是做电视的，然后再成立一个互联网部门，这种媒体融合理念本身就是错误的，在指导实践时也无法对媒体融合起到促进作用。缺乏共享的媒体融合只是物理属性上的融合，不利于媒体融合朝着更深入的方向前进。

最后，熟悉新媒体和传统媒体的综合型人才稀缺。媒体行业想要在真正意义上实现全面发展，对从业人员的理论知识及相关技能要有较高的要求。媒体融合需要能进行跨媒体运营的人才，然而目前这类综合性人才总体比较稀缺。传统媒体的工作人员对新媒体了解不够深入，对全媒体时代下受众的需求和与媒介的传授关系缺乏研究和思考。对于新媒体的工作者来说，同时兼具技术操作和内容生产的综合人才也比较欠缺。术业有专攻，传统媒体和新媒体的工作者在各自领域常年累月的工作模式使得他们无法迅速适应现阶段媒体融合的理念和技术的转变，这也在很大程度上阻碍了媒体融合发展。

4. 媒体融合发展的路径和对策

在新时期媒体行业的发展过程中，媒体融合是目标也是手段。针对当前媒体融合发展形势，我们要充分把握媒体融合发展意义，意识到当前发展中的困境，积极探索有效的发展出路，以推动媒体融合发展更好地实现，进而使整个媒体行业实现比较理想的发展，为人们提供更好的媒体信息服务。具体来说，可以从以下几方面来努力。

首先，打造科学完善的媒体融合体系，包括科学的运行、管理、技术等媒体融合相关制度和技术保障。所有的改革必须要进行顶层设计、自上而下。在运行机制方面，加强团队建设，努力营造责任与利益共同承担的荣辱与共的工作机制；[①]发挥好传统媒体的内容优势和新媒体的技术优势，强化传统媒体和各种新媒体形式结合，将媒体融合所具备的超文本优势充分发挥出来，争取在融合中创新发展。同时，对媒体的管理机制进行革新，除了强化自身的比较优势外，更重要的是整合和盘活各自的媒体资源、人才资源、信息资源，搭建有效管理平台，提升媒体行业的内生动力，并加快新媒体与传统媒体之间的融合。另外，还要牢牢把握住科技这第一生产要素。传统媒体融合新兴媒体首先需要打造一个基于大数据、云计算、人工智能的技术体系。传统媒体的内容是其优势，但是技术建设是所有传统媒体的短板，远远落后于互联网，互联网发展的要求是移动化、社交化、视频化。要在互联网场景中实现精准传播，必然需要云计算和大数据等技术。[②]一个科学且完善的融合体系，不仅能够保障媒体融合朝着正确的方向前进，还能够加强媒体融合的实际执行能力。

其次，转变媒体融合理念。媒体融合发展理念的创新为真正实现媒体融合并促使其更好发展提供了科学支持及指导，正确的媒体融合理念是我们进行融合实践的行动指南。传统媒体

---

① 梁秀颀：《新时期媒体融合发展的困境与出路》，《传媒论坛》2021年第12期。
② 胡正荣：《传统媒体与新兴媒体融合的关键与路径》，《新闻写作》2015年第5期。

需要接受新媒体创新、多元化的新闻创作方式，对信息传播的针对性和个性化进行提升，新媒体也应该吸取传统媒体严谨、有深度的经验，提升自身新闻报道的专业性。① 在媒体融合中注入"互联网思维"，即前面提到的用户、开放和共享。要以用户为中心，西方很多国家将用户称为"产消者"（Prosumer），即"生产者+消费者"（producer + consumer），今天的用户既是消息的消费者，又是消息的再生产者，我们的服务理念也要进行相应的转变，媒体所有的信息、新闻、发现，都要发展其背后延伸的服务，这样才会有黏度。开放思维指的是一种内部和外部的双轨开放，内部要打破过去封闭的组织架构，你是负责电视板块的、我是负责网络板块的，但我们是一体的；外部要与各种社会资源建立联系，不仅要以新闻满足社会，未来传媒发展还要落实到信息服务上去。分享也包括两个方面，在媒体内部，所有的内容、渠道等重要资源可以分享，以此实现有限资源的最大化效益；另一方面用户既是信息消费者也是再生产者，他们的分享进一步拓展了媒体的内容影响。只有转变了媒体融合的思维，才能够以科学的认识去指导实践。

最后，提升从业人员的专业素养。提高从业人员专业能力，并在此基础上建立健全人才管理机制，这样才能更好地提升员工素质，激发从业人员的积极性，为行业发展提供强有力的支持。媒体机构及相关工作人员需要对媒体融合的各个方面内容深入学习及研究，并且能做到学以致用，对新思想、新理念进行有效应用。深入了解全媒体时代用户需求，开拓思路，

---

① 张濛：《传统媒体与新媒体的竞争与合作探讨》，《新闻研究刊》2019年第2期。

充实本领。此外，面对新的传播环境和人才队伍，应建立健全人才考评考核机制，进行绩效管理，充分发挥从业人员的积极性，保障更长远发展。

综上所述，要想实现媒体深度融合发展，传统媒体要转变过去固有的媒体思维，以用户为中心、服务为导向，双向开放、资源共享。同时，建立起科学完善的体系，来保障媒体融合的不断深入。最后，打造内部人才，引进媒体人才，为媒体融合提供源源不断的动力。

第三节　互联网与国际关系

一、互联网与国家安全

17世纪威斯特伐利亚体系建立以后，主权原则被确立起来，从那时起，便有了主权国家这个概念。国家享有绝对的对内对外主权，国家主要依靠政治权力、经济和军事实现国家利益。传统意义上的国家安全指国家的政权安全、经济安全、军事安全。20世纪90年代，以互联网为基础的信息技术革命后，改变了国家主权的内涵，对于国家安全也产生了深刻的影响。

（一）互联网与国家主权

1. 国家主权概念

近代的主权概念是由法国思想家让·布丹第一次明确提出，他从主权的内在属性提出主权是"对公民和臣民的不受限制的最高权力"。处于同时期的国际法之父格劳秀斯认为，主权是"凡行为不从属于其他人的法律控制，从而不致因其他人意志的行使而使之无效的权力，称为'主权'"。从而国家主权的对内对外的两根支柱被确立起来。当代主权国家的概念起始于1648年的《威斯特伐利亚和约》，它承认当时处于神圣罗马帝国统治之下的诸多邦国为独立的主权国家，从而用主权国家的观念替代了罗马帝国的"世界国家"的观念，并确认了主权平等和领土主权等原则。①

传统的国际关系理论认为，国家主权是国家的根本属性。它包括三个方面：第一，对内最高权。指的是国家对其领域内的人和地的最高统辖权，以及立法、司法、行政等方面的最高统治权。第二，对外独立权。独立自主地处理其内外事务的统治权力，不受任何外来意志的左右，包括独立自主的选择社会制度、确定国家形式和法律、制定对外政策等。第三，自卫权。包括在遭受外来侵略和武力攻击时进行单独或集体反击的自卫权，和为防止侵略和武力攻击而建设国防的权力。②

2. 拓宽了国家主权的内涵

国家主权是个历史性的概念。虽然主权原则是《威斯特伐利亚和约》的产物，但主权观念和意识却随着国家形态的发展而不断地发生相应的变化③，在近现代，虽然国家主权原则已经被联合国宣言、国际法以及国际条约所法律化，但以互联网为核心的信息技术革命通过直接影响国际经济、国际政治、国际文化等各方面，使得国家主权受到多方面的冲击和影响。

传统主权的主要依托是领土和疆域的空间，在互联网信息

---

① 赵洋：《国家主权与国际干涉——一种以规范为基础的解读》，《教学与研究》2017年第2期。
② 陈岳：《国际政治学概论（第四版）》，中国国人民大学出版社2020年版。
③ 季金华：《国家主权概念新探》，《甘肃政法学院学报》2007年第4期。

时代，使得信息主权上升到关乎国家独立和安全的战略高度，成为国家主权的重要组成部分。所谓信息主权，指的是国家对信息必然享有保护、管理和控制的权力，是国家主权在信息活动中的体现。[①] 在信息网络时代，各国对于信息的占有、控制和利用是提高其综合国力的重要途径。各国由其国家利益驱使都会去维护各自的信息安全，但由于互联网在时空上已经形成的不平等的差异，出现了某种"信息霸权"，即技术发达的国家凭借信息资源的绝对优势和技术优势，对信息技术领域发展相对落后的国家进行信息技术控制、信息资源渗透和信息产品倾销，导致国家间的信息传播严重失衡。[②] 而信息主权的缺失或被侵犯，将会对国家主权和安全带来重大的威胁，所以各国都想通过掌控更多的信息，来形成对别国的优势，未来对于信息的竞争与争夺，将是继制海权、制空权、制天权后人类竞争的一个新的焦点。因此，提高维护信息网络空间主权的能力，保卫信息主权，是信息时代国家维护自身主权至关重要的问题。

3. 冲击了国家主权原则

根据上述国家主权的概念，其拥有对内对外的最高权，而在信息互联网时代，国家行使对内对外主权与互联网分散化的内外结构形成了不可调和的矛盾，不仅国家"对外权力"处于弱化相对化过程中，国家的"对内权力"的维系难度也空前加大。[③]

互联网时代对内主权冲击主要表现在：第一，互联网赋权

---

① 沈雪石：《论信息网络时代的国家安全》，《国防科技》2004年第11期。
② 沈雪石：《论信息网络时代的国家安全》，《国防科技》2004年第11期。
③ 申琰：《互联网与国际关系》，人民出版社2012年版。

社会，使社会成员获得更多的政治话语权。克莱·舍基认为，"以往需要协作和体系化的结构才能实现的集体性活动，如今可以通过社交网络关系、常见的临时结盟、统一的目标松散的协作方式在线发起行动。"① 互联网时代，民众不再单纯的是信息的接受者，还是信息的再生产者，近年来出现的"网络自组织治理"模式就充分体现了个体权力向社区汇聚后而形成的政治影响力，在这种模式下，原本受限于时空的各国民众可以基于互联网这个平台实现互联互通，互相影响，相互帮助，达到预期目的，有的学者甚至认为，社区成员所交换的信息和思想等同于军事和经济力量，已经成为政治权力的关键来源。第二，互联网赋权企业，互联网企业凭借其对关键资源的掌控能力，在国家的经济和政治生活中获得了更大的影响力和主导权。互联网企业凭借先进的信息技术，创建了一系列植根于代码和算法的新规范，正在试图取代传统上由政府设定和主导的规范，互联网企业还改变社会经济发展的模式，触及传统上由国家主导的贸易、金融和财政系统的运作。② 社交媒体已经成为网络时代文化信息沟通和交流的重要平台，是日常生活不可或缺的一部分，社交媒体不仅打破了传统大众媒体的舆论垄断，并且其影响力已渐渐超过后者，成为网络时代的舆论主场，而舆论具有塑造社会行为和观念的能力，这就将传统上被国家政府所垄断的公权力"私有化"。

互联网时代对外主权的冲击主要表现在：第一，非国家行为主体作用增强。基欧汉和约瑟夫·奈的相互依存理论认为，

---

① Clay Shirky, "Here Comes Everybody: The Power of Organizing without Organizations," NY: Penguin Press, 2008.
② 郎平：《互联网如何改变国际关系》，《国际政治科学》2021 年第 2 期。

"国家不再是国际政治主要的权力角色,国际政治经济多元化趋势导致众多的角色活跃在国际舞台上",[①] 非政府组织、跨国公司等国际组织成为 21 世纪具有广泛功能的实体,它们凭借自身掌握雄厚的资金和技术,可以影响乃至左右国家政治决策。例如,1989 年 11 月在美国召开的贸易组织第三次部长级会议开幕式,由于受到了近 3 万人的游行示威和大规模骚乱而被迫延迟了 5 个多小时。抗议的发起者是美国的一些劳工、人权和环保组织。值得注意的是,示威者们相隔千里、互不相识且具有不同的信仰,但他们能够在短短的时间里万众一心地聚集在西雅图,这完全得益于费用低廉且传播迅速的互联网络。[②] 第二,互联网信息传播的低廉、快速、便捷,使得当代的国内、国际政治近乎成为透明的压力政治,现代民族国家在制定议事日程和政策方针时,不仅要受到国内政治群体和群众的压力,有时候还会受到国外舆论的影响,从独立自主变得多少有点不由自主。一方面,网络的开放性特点使得原本属于一国内部的信息轻易被外国所获取,外国很可能利用消息,形成自己的组织和力量或者与本国内部势力相勾结,形成影响国家决策的力量。另一方面,全球信息网络的发展使得世界各国和地区之间的依赖相互加深,形成了"一荣俱荣,一损俱损"的利益相关模式,这使得国家在制定相关政策方针时,也会主动进入全球性决策过程。无论国家是主动还是被动的,互联网的发展确实削弱了主权国家自主进行决策的权力。

互联网时代对自卫权的冲击表现在:在网络空间,国家自

[①] 田作高:《西方学者对于信息时代国际政治演变的探讨》,《国外科学社会前沿 2000》,上海社会科学院出版社 2000 年版。
[②] 周小霞:《互联网发展对国家主权的影响》,武汉大学硕士学位论文,2005 年。

卫权的内涵增加，且难度越来越大。传统的自卫权主要针对现实世界中遭受到侵略和武装行动的自我防卫或集体防卫，在互联网时代，由于信息主权成为国家主权的重要组成部分，网络空间已然成为国家实施自卫权的重要场域。《联合国宪章》第51条明确赋予和认可了任何国家在境内或地区受到任何武力袭击时都有权力行使其自卫权，这是主权国家在国际法中最基本的权利。在现实空间中，我们靠明确的法律和程序，去确定、惩罚、预防侵略主权行为，然而在网络空间这种全新环境之中，由于无法准确界定网络行动是否为武装攻击行为，缺少对于网络侵略行为的惩罚和预防机制，使得国家在网络空间行使自卫权面临诸多挑战。面对日益严峻的网络空间安全威胁，2009年在美国的倡导和组织下，北约组织了一个国际专家组，专门就规范网络行为问题起草了《塔林网络战国际法手册》，后又于2017年进行了较大幅度的修改，此文件是国际范围内针对网络行为规则制定的首次尝试[1]，但此文件能否成为各国都承认且遵循的网络行为准则，是未知且带有争议的。

强大、分散、灵活的互联网正在对国家主权问题产生重要影响，它使得信息主权成为国家主权的重要组成部分，然而在信息主权重要性日益上升的同时，由于互联网的开放性特征，各国对于维护信息主权新领域显得有些力不从心，而对国家主权的传统领域即对内主权、对外主权和自卫权，又因为互联网使得国家行使主权能力不断削弱，加大了维护国家主权的难度。

---

[1] 周文轩：《〈塔林手册2.0版视野下〉网络攻击中国家自卫权的行使》，上海师范大学硕士学位论文，2021年。

(二) 互联网信息技术与军事安全

当今世界,以互联网信息技术为核心的高新技术,不仅极大地改变了人们的生产、生活方式,还给世界各国的政治、经济、文化、军事和生活领域带来深刻的变化,从而直接或间接地影响对国家军事安全,使得国家军事安全的表现形式、国家军事安全体制、军事技术装备构成、军事产业的转型、战争形态等方面大大不同于传统的军事安全,带来了一场新军事变革。

1. 国家军事安全概念

对于国家军事安全传统理解是:主权国家如何对付来自外部国家的战争威胁和军事入侵,确保本国领土、领空、领海等主权不受外敌入侵。随着网络信息技术的发展加快了军事力量的推进,军事与计算机、互联网等技术联系越来越紧密,部分网络软件成为进攻武器,网络空间成为新的军事竞技空间,此类概念强调的传统国家安全的威胁因素如战争和武力入侵的重要性慢慢下降,而新的因素例如信息破坏、核威慑等威胁性正在慢慢增强。我们看到的是,现代国家军事安全不仅受到来自国家行为体的军事侵略、武装干涉等威胁,还会受到来自非国家行为体如宗教极端分子、恐怖分子等的攻击与威胁。随着信息化的扩展,国家军事安全不单单是军事领域自身的安全,而是与现代军事密切相关的各领域,特别是信息技术、信息安全等领域的安全也十分突出,在维护国家军事安全利益的过程中,不仅要维护传统的领土、领海、领空安全,更要注重信息技术领域的安全。针对信息化时代的变化,我们应当对国家军事安全的概念进行拓展延伸,国家军事安全指的是以军事力量为主、辅之以其他技术手段,消除国内外各种有形或无形的可能会破坏国家主权独立、领土完整、信息安全的威胁因素，为国家发展和人民幸福提供一个相对稳定的内部和外部环境。

2. 新军事革命的兴起

新军事革命是高新技术迅猛发展并在军事领域广泛运用的必然结果，其核心是利用信息优势，充分发挥现有技术潜力，使得军事能力产生革命性跃升。随着新军事变革的不断推进和深入发展，已经引发了军事领域的大变局。[1]

恩格斯在《反杜林论》中提出"一旦技术上的进步可以用于军事目的并且已经运用于军事目的，它们便立刻几乎是强制的，而且往往是违反指挥官的意志而引起作战方式的改变甚至变革。"[2] 新军事变革最早可以追溯到越南战争后期，美军在战场上使用了两种信息化装备，被称为"灵巧炸弹"。20世纪70年代，苏联总参谋长明确提出了军事革命的概念，此后各国开始纷纷进行军事革命。20世纪90年代的海湾战争和伊拉克战争使世界各国深切感受到新技术革命的优势和前景，纷纷加快了军事变革的推进和深入发展。新军事变革与以往的不同点在于它的驱动力不是个别的传统领域的单一技术进步，而是以信息技术为核心的一批高技术群，使这场新军事变革的深度和广度都大大超过了以往任何一次军事变革，以信息技术为核心的一批高技术群，包括微电子技术、新材料技术、航空航天技术、生物工程技术、微型制造技术等的迅猛发展为战场的信息获取能力、信息传递能力、信息处理能力提供了强有力的技术

---

[1] 王云宪：《军事领域的大变局》，《学习时报》2007年第7期。
[2] ［德］弗里德里希·恩格斯、［德］卡尔·马克思：《马克思恩格斯选集》（第3卷），人民出版社1972年版。

支撑，为新军事变革的产生和发展提供了基本的物质条件，成为新军事变革发展的直接动力。①

3. 互联网信息技术对于国家军事安全的影响

当代互联网信息技术有着很强的渗透性和连带性，对于互联网信息技术在国家军事安全领域的渗透，给国家军事安全领域带来了一系列的机遇与挑战。从机遇方面来看，主要包括以下几点。

首先，提高了武器装备的信息化水平，使各国能应对各种传统和非传统威胁，从而更好地保障国家的军事安全。武器装备是科学技术的物化形式，正是"随着科学技术的发展，武器装备才发生质的飞跃"。② 以互联网信息技术为基础，新军事革命浪潮中出现的军事武器，虽然各有不同的功能，但都具备了信息化的特点。信息化装备是指信息技术含量高，信息技术对装备性能的提高及其使用、操纵、指挥起主导作用，具有信息探测、传输、处理、控制、制导、对抗等功能的作战装备和保障装备。③ 武器装备的信息化不仅表现在单个武器的信息化上，而且建立起了综合集成、一体化的指挥平台，使预警探测、情报侦察、精确制导、火力打击、指挥控制、通信联络、战场管理等领域的信息采集、融合、处理、传输、显示实现联网化、自动化和实时化。④ 美军对"阿帕奇"AH-64A直升机进行了数字化改造后，生产出新一代"长弓—阿帕奇"AH-64D直升机，新版直升机比旧版的杀伤力提高了4倍，抗毁力提高了

---

① 何友：《信息技术是新军事变革的原动力》，《光明日报》2006年第9期。
② 梁必浸：《军事哲学》，军事科学出版社2004年版。
③ 申琰：《互联网与国际关系》，人民出版社2012年版。
④ 申琰：《互联网与国际关系》，人民出版社2012年版。

7.2倍，作战能力提高了16倍。①

其次，创新了军事理论，使国家安全的理论更加广泛，更适用当今传统安全和非传统安全交织的时代，以更好的指导新军事变革。中国学者沈伟光提出："信息时代的到来和冷战的结束，对传统的国家安全观念产生了强烈的冲击……信息安全成为渗透和影响其他安全要素的关键因素。必须把国家安全的视野，由关注国家主权、领土不受外敌入侵，防止外来政治干预、颠覆、经济封锁与制裁，扩展到关注国家'总体安全'与'综合安全'的大战略层次，建立适应信息时代要求的国家安全体系。"② 在前几次的军事革命中，军事理论总是在军事实践之后才更新，而这次以互联网信息技术为基础的军事革命，其理论创新先于实践行动，使理论很好的指导了实践，有力地推动了军事革命的发展。美军先后推出了"战略瘫痪"思想、"基于效果作战"作战理论、"快速决定性作战"构想、"网络中心战"理论等新的作战理论，并根据这些计划、方案和作战理论，大力发展武器装备，改革组织体制，有力地推动了军事革命的发展。俄罗斯相继推出的"军事未来学"（沃罗比约夫）、"军事冲突学"（巴伦金）、"未来战争论"（加列耶夫）、"国家安全新论"（沙瓦耶夫）以及"第六代战争理论"（斯里普琴科）等，这些理论都反映了其新的国家安全观和战争观。③

最后，传播和平观念，促进世界军事安全合作。一方面，国家利用互联网传播和平的观念；另一方面，民众通过互联网

---

① 蔡雄杰：《国际互联网对国家军事安全的影响及其对策分析》，福建师范大学硕士学位论文，2008年。
② 顾伟：《军事科技与新军事变革》，复旦大学出版社2004年版。
③ 王云宪：《军事领域的大变局》，《学习时报》2007年第7期。

形成舆论，制约着战争。以互联网为基础的新媒体，以其传播速度快、范围广、互动强的优势，已经成为人们汲取信息的主要渠道，人们的思想受到舆论和媒体的影响越来越大。全球范围内的信息共享已经成为现实，军事媒体作为一国传媒的重要构成部分，可以通过在各种传播媒介中进行正确的舆论引导，形成强大的舆论支持，营造良好的舆论氛围，对内增强总体国家安全观念、巩固军政军民一条心；对外展示本国军事建设成果，表现拥护国家安全的决心，对恐怖主义、民族分裂等敌对势力形成威慑；在国际社会树立爱好和平的良好国家形象。现代通信技术使得社会信息化程度提高，这就使得战争透明化程度也相应提升，民众对于战争的进程、战争的正义与否以及战争的后果有了自己理性的想法，并通过互联网等平台表达出来，一旦形成了舆论压力，就会对战争的进程产生影响，对于民众来说，战争一定是大家都极力避免的一种冲突形态。外交学院熊志勇教授以朝鲜战争、越南战争和伊拉克战争为例对美国公众舆论与战争进行研究，证实了战争期间公众态度具有推动和制约的作用，在战争伤亡明显增加、民众不满情绪突出的情况下，政府不得不考虑战争政策的调整。[①] 高新技术与军事的结合还带来了核武器的问世，核武器以巨大的颠覆性力量成为各国竞相发展的对象，但也正因为核武器的颠覆性力量，使现代理性国家在选择战争方式时更加慎重，更加倾向于采用和平的手段解决国际争端。王逸舟指出，在这种情况下，"积极防御""合作安全""威慑""预防性外交"将成为更多国家的

---

① 熊志勇：《美国公众舆论与战争——以朝鲜战争、越南战争和伊拉克战争为例》，《外交学院学报》2004年第3期。

战略选择。① 但它也使得国家的军事安全面临一些挑战，主要表现在：首先，装备信息化与智能化本身的脆弱性。不可否认军事装备信息化和智能化确实提高了国家作战效能，但网络作为一个庞大虚拟的技术体天生带有脆弱性，它一旦被破坏将会导致整个作战系统的瘫痪，而且对于网络威胁的防御也是防不胜防。在互联网时代，军事威胁不仅意味着大兵压境、陈兵百万，更多时候是来自信息网络上的突然袭击，甚至一时无法知道对手是谁，威胁来自何方。② 在今天，网络黑客事件频频发生，给各国的军事安全带来了很大的威胁。

其次，加剧了国际军事博弈和斗争。过去人们围绕着争夺土地、人口、市场、资本等进行了无数次战争，但在互联网信息时代这一现象发生了改变，信息资源代替传统资源成为人们的争夺对象。彼得·德鲁克指出："知识是今天唯一有意义的资源。"③ 而信息在整个社会体系中所发挥的作用越来越大，信息技术的发展水平影响甚至决定当今国家的政治、经济、军事、文化等方面的安全与发展。信息由于互联网成为各国争取的资源，曾经为控制领土及原材料与廉价劳动力而频繁纷争的民族国家开始为信息资源而战，并且博弈和斗争日益激烈。2007年5月，美国空军组建的第一个网络战司令部已形成战斗力。按照计划，整个美军的网络战部队将于2030年左右全面组建完毕。届时，它将担负起网络攻防任务，确保美军在未来战争中拥有全面的信息优势。俄罗斯赋予网络战极高的地位，

---

① 王逸舟：《全球化时代的国际安全》，上海人民出版社1999年版。
② 申琰：《互联网与国际关系》，人民出版社2012年版。
③ ［美］彼得·德鲁克著，张星岩译：《后资本主义社会》，上海人民出版社1998年版。

明确将其称为"第六代战争"。俄军大力研制网络战武器，并在"远距离病毒武器""微波武器"等方面取得了重大进展。印度也组建了具有自己特色的"网军"，积极征召"黑客"入伍。日本自卫队已经组建了一支由陆海空自卫队计算机专家构成的5000人左右的网络战部队，专门从事网络系统的攻防，其军方认为随着战争的信息化，战场也将日益趋向网络化，而令敌人的作战网络"瘫痪"将起到事半功倍的效果。[1]

最后，新的干涉主义抬头。前面提到信息技术发展一定程度上能够抑制战争，但它无法消除战争，因为战争的根源是国家利益和权力的争夺。各国由于历史发展水平和社会政治经济结构不同，发展具有不平衡性，网络技术的发展不仅没有消除这种不平衡，反而加大差距，形成了"数字鸿沟"，即信息富有国和信息贫困国在把握和应用信息技术方面的差距越来越大。根据联合国工业发展组织投资与技术促进办公室主任赵晓蕾在发表主旨演讲《从全球数字鸿沟到全球数字机遇》时披露，联合国的数据表明，现在全球超过1/3的人尚未接入互联网，虽然发达国家有80%接入互联网，但是最不发达国家接入互联网的比例不到20%。数字鸿沟的扩大使得富有国家处在军事优势地位，刺激了新军事干涉主义进一步抬头，助长了以美国为首的西方国家的霸权主义野心，给世界和地区的和平和安全带去巨大威胁。俞晓秋认为："处于弱势的国家在政治、经济、军事乃至文化等方面都面临着前所未有的冲击、挑战和威胁，信息技术已经成为信息强权在新世纪谋求霸权的武器。"[2]

---

[1] 傅立群：《当前新军事变革中的国际竞争态势》，《学习时报》2005年第7期。
[2] 俞晓秋：《国家信息安全综论》，《现代国际关系》2005年第4期。

二、互联网与国际政治

互联网的发展不仅给人们带来了信息的共享和互动,而且对人们的生产、生活、交往和思维方式都产生了巨大的影响,尤其在社会政治领域产生了深刻的影响。阎学通先生曾经指出:"对信息的开发、控制和使用成为国家利益的重要内容。获取信息可能成为与获得资本和技术同等重要的国家利益。"[①] 因此,互联网在国际政治中处于非常重要的位置,与国家利益息息相关。互联网以其政治的功能,从个人、国家、国际体系三个层次影响国际政治。

(一) 互联网的政治功能

卡尔·多伊奇1968年在《政府的神经》一书中说过:"政治系统与其他系统一样,是借助信息的获取、传送、处理、利用而实现自我维持的目的的。"[②] 以互联网为载体的新传媒是当代信息最主要的传播方式,而政治和政治系统也必然要运用新媒体来进行一系列政治活动,达到政治目的。互联网也因此具备了诸多的政治功能,包括政治传播、政治塑形、政治动员等功能。

政治传播是指存在于政治行为主体与客体之间的、以达到特定目的和取得特定效果为价值取向的、以符号和媒介为途径的使政治信息得以流动的过程。[③] 历史上由于信息获取困难、沟通成本昂贵等原因,政治信息无法有效地传输,国家之间缺

---

① 阎学通:《中国国家利益分析》,天津人民出版社1996年版。
② 俞可平:《权利政治与公益政治》,社会科学文献出版社2000年版。
③ 政治传播概念,具体参见:www.aisixiang.com/zhuanti/461.html。

少了解和沟通，导致冲突和战争频仍。到了互联网时代，信息资源获取便捷、网络技术成本低、互联网传播的全球性等特性，使得政治信息传播扩大到不可思议的程度。任何信息的传播都是以影响受众的态度为目的的，各种政治力量都试图运用媒体加强与民众之间的交流，进而影响受众对于国家、政府、领导人、政治事件等方面的看法。从某种意义上来说，民众能看到的政治，都是媒体想让你看到的。传播和塑形后继而要使受众朝着预期的方向行动，形成政治动员。"动员"一词的基本涵义就是为了实现一定目的而进行资源调动的行动过程。动员概念从军事领域发展到社会、政治领域，[1] 到了互联网时代，政治动员的概念又进一步扩展，出现了"网络政治动员"的概念，"网络政治动员是指在一定的社会环境与政治局势下，动员主体为实现特定的目的，利用互联网的技术平台在网络虚拟空间有意图地传播针对性的信息，诱发意见倾向，获得人们的支持和认同，号召和鼓动网民在现实社会进行政治行动，从而扩大自身政治资源和政治行动能力的行为和过程"。[2]

但互联网的政治动员也是一把双刃剑。从积极方面来看，政治家可以利用便捷的互联网广泛高效地联系民众，获得更大的民众基础。例如，美国前总统唐纳德·特朗普的"推特治国"是利用互联网进行政治传播和动员的最佳案例。特朗普在美国主流媒体几乎一边倒支持希拉里的情况下赢得了大选，这正是后真相时代社交媒体舆论传播的一种强势逆袭。特朗普正式就任美国总统后，以"美国优先"为核心政策理念、以

---

[1] 罗佳：《论网络政治动员：概念、要素与特征》，《理论与改革》2016 年第 2 期。
[2] 娄成武、刘力锐：《论网络政治动员：一种非对称态势》，《政治学研究》2010 年第 2 期。

"推特治国"为重要舆论传播推手,在国际舆论界不断掀起波澜。尽管特朗普的"推特治国"受到不少负面的评价,但不可否认和回避的是,特朗普不但借助推特媒介塑造了鲜明的政治形象,影响舆论走向,还快速、直接地传播政治理念,影响外交政策。① 特朗普在任期间也高居各国领导人推特账户粉丝人数榜首。据统计结果,特朗普从上任到卸任共发布了2.6万条推文,比一般的推特用户活跃得多,且这些内容所表达的态度和观点具有很强的同质性。特朗普正是通过这种高频度、同质性的信息传递方式,在同主流媒体的对抗中始终占据着舆论场的焦点。特朗普密集地发布信息,保证覆盖到足够公众所关心的事件和话题,使得不同群体的信息需求都得到满足,从而将他们培养成"忠实粉丝"。② 2016年的一项民调显示,特朗普的粉丝有92%几乎不看《纽约时报》或美国有线电视新闻网络等主流媒体的报道,即便偶尔看看也不相信,他们更愿意从推特上获取资讯。③ 从消极方面来看,政治动员也给国内的反对派和分裂势力以及国外的敌对国家以制造混乱的机会。他们也同样可以在互联网上向目标群体和国家发布具有煽动性的信息,从而煽动、鼓吹民众情绪,从而引起社会舆论,造成社会动荡。这种消极的网络动员在前些年中亚地区的"颜色革命"可以一窥究竟。随着互联网传媒的迅速发展,美国的价值观对于乌克兰、格鲁吉亚等国家产生了深刻影响,尤其是这些国家

---

① 王莉丽、刘子豪:《后真相时代特朗普"推特治国"舆论传播特点及启示》,《国外社会科学》2018年第3期。
② 王莉丽、刘子豪:《后真相时代特朗普"推特治国"舆论传播特点及启示》,《国外社会科学》2018年第3期。
③ 吴旭:《特朗普的"推特外交":中国对外传播面临的新挑战》,《对外传播》2017年第2期。

的青年人，当这些国家的掌权人违背了美国的意愿，美国便利用媒体对其进行大肆抨击；当美国准备颠覆其政权的时候，便凭借自己所谓的"自由民主"意识对其民众进行反政府煽动；当革命成功后，又在媒体上给予现任亲美政府大量的舆论支持。近年来，西方媒体不仅利用互联网加强自身的话语权，而且试图不断削弱发展中国家的舆论影响。

（二）互联网对国际政治的影响

互联网以其独有的特点侵入国际政治领域，对国际政治产生了深远的影响。互联网对国际政治的影响，必然落实到国际政治中的政治行为体上去，以互联网特有的内在规定性或是引导行为体的行为，或是否定行为体的行为，并迫使行为体服从其内在的法则以更好地维持自身的利益[1]，我们将国际政治中的行为体分为个体、国家和国际体系三个层次来探讨互联网对国际政治的影响。

1. 个人层次

互联网扩大了各国民众的政治参与。包括国内和国际两个方面的参与，在国内，个人、群体和组织可以对国家政治和国内政策发表更多自己的意见和想法；在国际，以互联网技术为基础，使每一个网民都变成了"世界公民"，对他国政治参与的广度和深度也在增加。互联网造就了一个畅通的信息传输系统，使信息的来源多元化，人们对于特定的政治事件可以获取来自多方的信息，并对所接收到的信息进行不同的反馈、表达和交流。因此，互联网增强了民众的政治表达意愿，扩大了社会政治参与。互联网的全球传播性使得民众在表达政治意愿时

---

[1] 余丽：《互联网对国际政治影响机理探究》，《国际安全研究》2013年第1期。

很可能会引起国际社会的共鸣和互动，此时一国民众就变成了"世界公民"。身处世界任何地区的"世界公民"都可以通过互联网找到官方政策的文件表述。在当今国际社会，政府的决策是政治事件的发生、本国民众、外国群众等因素综合作用的结果。政治信息的广泛传播和政治透明度的提高，提高了民众社会政治参与的积极性，拓宽了政府决策的民主性和科学性。

2. 国家层次

作为科技革命的产物，互联网的技术工具身份使它和任何一项技术发明一样，具有工具的中性特征，无论是谁都可以使用且不会对不同的使用者产生不同的作用。但是互联网一旦被国家行为体使用，它就不仅仅是技术工具，而是成为一种国际政治工具，即追求国家权力和国家利益的工具，也就具有了"非中性"作用。[①] 进入互联网时代，各国都围绕互联网建立起了本国的互联网战略，可以说，任何国家制定的互联网战略目标都是出于国家安全、权力扩张及总体安全方面的综合利益考量，保障互联网安全成为维护国家安全和发展战略的重要组成部分。

从国家利益来看，互联网成为凝聚国家利益的新场所，互联网与国家利益之间具有正负相关性。一方面，一国利用好互联网有利的一面，必然能够使该国国家利益的时空范围扩大，增强本国的国家利益；另一方面，破坏他国的互联网，使其不能利用互联网来增强自身的国家利益，或者利用互联网传播对其他国家不利的信息，损害他国的国家利益。例如，20 世纪

[①] 郑志龙、余丽：《互联网在国际政治中的"非中性"作用》，《政治学研究》2012年第 4 期。

90年代信息技术曾给美国带来"高增长、高就业、低通胀"的"新经济","创造了一个1500万个新工作、失业率24年来最低,而通货膨胀率30年最低的时代"。① 再有,以西方为首的发达国家以其雄厚的资金和技术,在互联网技术上也实现了超强发展,并在某些方面实现了垄断,这就使得发展中国家整体上从互联网获益的空间大大受限,国家利益也被损害。

网络政治并没有超越权力政治的范畴,权力依然是网络政治中首要的决定因素。互联网给国际政治权力带来的重大影响,就是增添了"信息力"的内容。② 谁能引领以互联网信息技术为主导的新一轮科技革命,谁就能在未来的政治格局中占据主导地位。美国为了能够维持住自己的既有霸权并确保自己能在未来政治格局中继续保持绝对优势,相继制定和实施了一系列战略,包括《网络空间政策评估》《国家网络安全战略报告》《网络空间国际战略》和《网络空间行动战略》等。"信息力"作为一种权力,兼具硬实力和软实力两种特性,"信息力"一方面是以信息技术和基础设备为基础的;另一方面,信息力又以其信息的影响力、渗透力和网络的传播力来发挥作用的。网络对于国家权力的影响主要表现在两方面:其一,信息力使得南北问题有了新的内涵,南北国家本就在国际权力结构上占有的地位不平衡,发达国家凭借信息技术优势在国际权力结构中不断巩固自身有利的地位,发展中国家由于整体上信息网络技术较为落后,在国际权力结构中处于不断被剥削地位,这种不平衡会因为发达国家的"信息霸权"和"信息垄断"

---

① 马学亮:《浮现中的数字经济》,《中华读书报》1998年12月。
② 石杰琳:《互联网作用于国际政治的四个维度》,《郑州大学学报》(哲学社会科学版)2012年第4期。

越拉越大。其二,网络以其无中心节点的特征还使得国际权力去中心化,抑制了霸权主义抬头。首先,互联网的无中枢特性和全球信息的自由流动,将推动国际政治中心分散化发展,而且"任何一个中心的瘫痪都不会对国际政治局势产生全方位的致命影响"。[①] 权力相对来说不易集中,缺少了霸权基础。其次,技术的竞争优势是流动的,后起国家完全有可能利用竞争机制使技术优势格局发生深刻的变化,成为新的竞争强国,甚至超过旧有国家,对政治权力进行再分配。最后,发展中国家利用信息技术革命的机遇赶超发展,就像印度、中国,从而解构大国对于信息权力的"极化"。

"信息传播自由"与"国家政治安全"是各国特别是发展中国家在互联网时代面对的一大进退两难的窘境。一方面,信息传播自由是互联网发展的必然要求和结果。另一方面,互联网信息传播确实引发了政治安全的风险。这主要表现在两方面:第一,互联网成为了盗取国家政治机密的工具。例如,国家机密的窃取者"海莲花",截至2015年,"海莲花"的袭击遍布全世界范围内的36个国家。其中,中国的感染者占到92.3%,遍布国内29个省级行政区,北京和天津是国内感染者最多的两个地区。"海莲花"攻击范围大、时间长且目的明确、目标精准。天眼实验室通过大量的数据分析,发现"海莲花"主要是对中国政府、科研院所、海事机构、海域建设、航运企业等相关重要领域进行不间断攻击,以窃取国家机密情

[①] 邹衍:《关于信息网络化对国际政治影响问题的研究综述》,《理论前沿》2001年第14期。

报。① 这无疑给我国的国家政治安全造成了巨大的威胁。第二，发达国家利用互联网进行政权演变、颠覆活动。以美国为首的西方国家把互联网作为其推行所谓"自由、民主"的工具。美国通过互联网支持世纪初的中亚颜色革命，促进中亚各国的民主转型，以此在中亚培植亲美势力。在西亚、北非地区的突尼斯、埃及、利比亚、也门、叙利亚等多个国家爆发的政权危机和政权更迭中，国家陷入了战争与内乱，美国等主要西方国家的积极参与起到了推波助澜的作用。传媒工具使反政府力量能够快捷地传播消息、组织动员和内外联络。②

3. 国际体系层次

国际政治的体系层次也不可避免地受到了互联网的影响，这里我们沿用沃尔兹经典的三分模型，从排列原则、单元特性和能力分配三方面来分析网络空间对国际体系的影响。排列原则是国际体系的首要特征，是关于系统内各部分安排的问题。③去中心化是网络空间的核心属性，围绕全球互联网治理形成的国际体系便体现出多元制的特点，增强了国际体系的无政府特征。首先，受到网络技术历史发展的影响，"多利益攸关方"模式——即建立在政府、企业、非政府组织和个人等多元行为主体共同参与基础上的协作治理——成为网络空间全球治理的主

---

① "网络安全大案'海莲花'：国家机密的窃取者"，搜狐新闻，www.sohu.com/a/192452631_119586，2017-09-16。
② 郑志龙、余丽：《互联网在国际政治中的"非中性"作用》，《政治学研究》2012年第4期。
③ [美]肯尼思·沃尔兹著，信强译：《国际政治理论》，上海人民出版社2003年版，第118页。

导范式。① 这种多元行为主体的模式，极大地增强了国际体系的相互依存程度。由于网络空间行为体高度依赖网络技术对经济和社会发展的促进作用，这些行为主体共同存在一个网络体系之中，促使国际体系的主要行为体约束自身行为，并进一步形成普遍接受的规则。② 其次，网络技术在某种程度上增强了国际体系无政府秩序，这主要表现在两类行为中：一类是试图逃避国家法律管制的行动。犯罪分子可以利用匿名通信技术构建的"暗网""自由地"进行毒品、枪支、人口贩卖等非法交易。③ 另一类是自发合作来达到共同目的的行为。基于区块链技术的比特币就是其中的典型，没有中心化的管理方和操作方是这一技术的核心所在。部分国家和政党甚至开始尝试将区块链技术应用于选举和投票之中。④

从单元特性来看，在以往的国际体系中，民族国家都是国际体系中最中心的单元。而网络技术赋予了非国家行为体深度参与政治和社会事务的权力。威斯特伐利亚体系建立起来的主权原则一直延续至今，伴随着全球化的发展，其他行为主体例如国际组织和跨国公司等，虽然获得了更大的话语权，但到了互联网时代，国家行为主体在国际事务中的主导权进一步被削弱。约瑟夫·奈的观点稍微温和一些，但也强调了网络时代的变革意义，他指出，"一场新的信息革命正改变着权力的本质

---

① Milton Mueller, "Networks and States: The Global Politics of Internet Governance," Cambridge: The MIT Press, 2010；鲁传颖：《网络空间治理与多利益攸关方理论》，时事出版社 2016 年版。
② 刘杨钺：《重思网络技术对国际体系变革的影响》，《国际展望》2017 年第 4 期。
③ 刘杨钺：《重思网络技术对国际体系变革的影响》，《国际展望》2017 年第 4 期。
④ Brett Scott, "Visions of a Techno-Leviathan: The Politics of the Bitcoin Blockchain," E-International Relations, June 1, 2014, http://www.e-ir.info/2014/06/01/visions-of-a-techno-leviathan-the-politics-of-the-bitcoin-blockchain/.

并加速其流散。尽管国家仍然是世界舞台的主导行为体,但它们将发现这舞台已更为拥挤且难以驾驭"。① 例如,2010 年 7 月 25 日,维基解密网站通过英国《卫报》、德国《明镜》和美国《纽约时报》公布了 9.2 万份美军有关阿富汗战争的军事机密文件,三家新闻媒体同时在网站上刊登出关于此事的美军有些不愿公之于众的"秘密"。即使是美国这样的技术强国也无法控制国家关键信息的流失。

能力分配往往被简化为体系内的大国数量,单极、两极、三极和多极体系分别催生出不同的行为模式和互动特点。② 不同极数的变化固然意味着体系结构的调整,但如果某种方式导致体系中的国家之间的权力差异被迅速拉近,或权力结构发生翻转,那么这同样意味着国际体系的能力分配出现了根本性变化。③ 在信息技术的各个方面,世界其他国家对于美国的赶超都在进行。在卫星定位系统方面,世界各国或研发出现有全球定位系统所不具有的技术,或研发出可替代全球定位系统系统的卫星系统:俄罗斯的格洛纳斯卫星导航系统抗干扰能力强大;欧盟的伽利略卫星导航系统定位精度优并且可以提供更多的信号类型;中国的北斗卫星导航系统前几年全球组网成功,能给全球所有的国家提供导航服务;日本的准天顶卫星导航系统缩小了误差,以迎合未来信息技术的发展;印度正在发展区域导航卫星系统,并且计划研发专属导航卫星,以满足空军的作战需求。互联网时代,一些后起国家利用信息技术,大力发

---

① Joseph S. Nye, "The Future of Power," New York: Public Affairs Press, 2011.
② Randall Schweller, "Deadly Imbalances: Tripolarity and Hitler's Strategy of World Conquest," New York: Columbia University Press, 1998.
③ 刘杨钺:《重思网络技术对国际体系变革的影响》,《国际展望》2017 年第 4 期。

展创新,某种程度上缩小了国家权力差异。

三、互联网与国际经济

马克思曾经说过:"各种经济时代的区别,不在于生产了什么,而在于怎样生产,用什么劳动资料生产。"① 以互联网、大数据、人工智能等技术为主导的新一轮技术革命,被认为是迄今为止发展最快、应用最广泛的技术,创造了一个新的经济时代。马克思还讲过:"在我们这个时代,每一种事物好像都包含有自己的反面。我们看到,机器具有减少人类劳动和使劳动更有成效的神奇力量,然而却引起了饥饿和过度的疲劳。财富的新源泉,由于某种奇怪的、不可思议的魔力而变成贫困的源泉。技术的胜利,似乎是以道德的败坏为代价换来的。随着人类愈益控制自然,个人却似乎愈益成别人的奴隶或自身卑劣行为的奴隶。甚至科学的纯洁光辉仿佛也只能在愚昧无知的黑暗背景上闪耀。我们的一切发现和进步,似乎结果是使物质力量成为有智慧的生命,而人的生命则化为愚钝的物质力量。现代工业和科学为一方与现代贫困和衰颓为另一方的这种对抗,我们时代生产力与社会关系之间的这种对抗,是显而易见的、不可避免的和毋庸争辩的事实使生产方式产生重要的变革,引发全球生产、投资和贸易格局发生了深刻的变化。"② 互联网信息技术的胜利,一方面成为推动经济全球化发展的关键动力,加深全球相互依赖;另一方面也加剧了国际经济竞争性发展,

---

① [德] 弗里德里希·恩格斯、[德] 卡尔·马克思:《马克思恩格斯选集(第2卷)》,人民出版社1972年版。
② [德] 弗里德里希·恩格斯、[德] 卡尔·马克思:《马克思恩格斯选集(第1卷)》,人民出版社1995年版。

成为世界两极分化的加速器。

（一）互联网促进全球经济大繁荣、大发展

互联网信息技术为经济全球化注入了革命性的动力，加上信息技术具有超强的渗透和扩散性，极大的提升了全球的产业结构；改变全球及经济运行的内容和方式；促进全球化的深入发展；促进全球经济的大发展、大繁荣。

1. 互联网创新全球经济运行的内容和方式

现如今，我国社会经济和科学技术都处于稳步上升阶段，为互联网技术的发展奠定了坚实的物质基础。互联网以其超强的渗透性和扩散性已经与社会生活的各领域紧密结合，在国际经济领域，互联网创新了全球经济的运行方式和内容，具体表现在以下三个方面：信息产业、电子商务、网络金融。

（1）信息产业

传统的新古典经济增长理论强调人力资源数量和企业的固定资产，新经济增长理论更加关注人力资源的质量和科技的进步程度。信息产业已经成为互联网时代新的经济增长点。所谓信息产业是提供信息内容和信息服务，以信息的生产、收集、整理、传播为主要目的的服务性行业。[①] 既突出了以高科技为基础的信息的生产、处理、服务等活动，也兼顾其他传统的信息活动。纵观一些经济发达国家和新兴发展国家，我们不难发现一些共同点，都强调"三高"，即高科技、高质量、高效益。

从20世纪80年代末开始，信息技术就一直是美国科技推动经济发展的动力。信息技术产业虽然只占美国就业人数的8%，但对美国GDP增长的贡献却超过了1/3。信息产业也是

---

① 赵正龙：《信息产业定义与范畴的新界定》，《科学学研究》2003年第S1期。

最具有"研究开发密集型"特色的产业，1997年该产业内仅大企业的研发投入就高达近460亿美元，高居各产业之榜首。信息产业作为高新技术产业发展的主流，本身就是美国经济快速发展的"牵引机"。1990年到1997年间，信息技术产业的劳动生产率实现了高达10.4%的年增长，而其他行业生产率的年增长只有0.5%。与此同时，信息技术快速向传统产业渗透，大大增强了美国经济增长的后劲。自20世纪90年代后期以来，明显从传统的硬件和软件业向主要基于互联网的信息服务产业倾斜。[①] 中国从1983年开始决定加快发展电子工业，提出到2000年电子工业总产值要比1980年翻三番，占全国工农业总产值的比重由1.4%提高到3%左右。1984年，进一步明确"打基础，上水平，抓质量，求效益，翻三番，超十年"的18字发展方针。进入20世纪90年代，国家将电子工业确立为国民经济的支柱产业。21世纪，国家提出以信息化带动工业化，以工业化促进信息化，走新型工业化道路的发展战略，并且强调优先发展信息产业，在经济和社会领域广泛应用信息技术。

从各国经济增长轨迹我们发现信息产业主要从两方面促进经济增长：首先，信息技术优化了产业结构。根据非均衡经济增长理论，经济增长与产业结构的变动呈现相关性。传统产业在新时代因各种因素发展受到制约，要想实现技术创新和产品创新，必须寻求一种高于平均增长率的新兴产业来支撑自己，通过结构性转变实现经济增长。有研究表明，信息产业与国内生产总值之间存在明显的对数线性关系，信息产业产出每增加

[①] 谢圣赞：《美国信息产业发展的经验与启示》，《软科学》2001年第6期。

1%，可以带来约 0.544% 的国内生产总值增长。① 现代各国的经济持续、稳定、协调发展都依赖于该国产业结构的优化，而互联网时代的产业结构优化的必经途径就是促进信息技术产业，发展信息产业。其次，信息产业促进内生技术的进步，科学技术是第一生产力，从而促进经济发展。内生经济理论认为：技术进步是内生的，并且原有意义上的劳动力概念也应为人力资本。这样，支撑经济增长的主要因素有：人力资源、可供利用的物质资源、管理效能和技术水平。信息技术正在极大地改变了当代的社会、经济和生活状态，世界主要工业国家生产力的增长很大程度上都归功于信息产业的投资。

（2）跨境电子商务

电子商务是"互联网+商业"的创新运行模式，正在改变传统经济的运行方式和增长模式，不断推动全球经济繁荣发展。电子商务对于国际经济的影响主要通过跨境电子商务实现。跨境电子商务是指分属不同关境的交易主体，通过电子商务平台达成交易、进行支付结算，并通过跨境物流送达商品、完成交易的一种国际商业活动。② 从微观来讲，电子商务正在成为世界各大企业的生存方式；从宏观来讲，电子商务已经成为评价国家发展水平和发展能力的重要指标。③ 近年来，跨境电子商务发展增长速度超过了传统进出口贸易，数据显示，2013—2019 年，中国跨境电商交易规模不断扩大，其中 2013

---

① 张敏：《信息产业对我国经济增长影响的实证分析》，《特区经济》2008 年第 8 期。

② "跨境电子商务重构中国外贸产业链"，新华网，http://www.xinhuanet.com/world/2014－05/12c－1110643376.htm? prolongation＝1，2014－05－12。

③ 申琰：《互联网与国际关系》，人民出版社 2012 年版。

年为 2.9 万亿元，2019 年为 10.8 万亿元。2020 年受疫情影响小有回落，为 10.3 万亿元。[①] 这种外贸模式正在改变以往的进出口模式，成为未来我国对外贸易新的增长点。

发展跨境电子商务对于国际经济发展的意义主要表现在：首先，跨境电子商务是全球经济绿色发展的可行路径。电子商务通过改变生产、流通和交易方式，降低了交易成本，提高了效率，降低了人力和物力的消耗，减轻了交通压力，减少了环境污染，促进全球经济可持续发展。[②] 跨境电商在交易过程中不需要传统经济交易中的复杂流程，把企业和个人、企业和企业之间直接进行联系，不像传统经济那样要经过商家、关税等必要环节；而交易的具体方式也变更成在线支付，不需要进行货币兑换、汇率等流程；选购方式也变成了足不出户，减少了路途的时间和费用，从而明显降低了贸易成本。随着网上消费服务模式日益丰富，面向消费者的跨境商业服务范围也不断发展。在疫情常态化的今天，各国之间的跨境电子商务更是成为各国之间经济交流的重要渠道，成为经济合作的新增长点。其次，电子商务成为各国新的竞争优势。跨境电子商务改变传统的国与国经营管理模式，突破国家和地区的限制，与生产、流通、消费等环节深度融合，影响全世界范围内的产业结构和资源配置。发达国家和新兴市场国家都把电子商务作为强化竞争优势的重要战略举措，"互联网＋"电子商务的经济发展可以有效地提升国家的经济水平，增强国家和世界上其他国家间的贸易往来，保障在世界贸易市场中的主动位置，在世界贸易市

[①] "2020 上半年中国跨境电商行业趋势研究报告"，艾媒网，https://www.iimedia.cn/c400/73899.html，2020-08-27。

[②] 申琰：《互联网与国际关系》，人民出版社 2012 年版。

场的竞争中处于不败之地。最后，大力发展电子商务还有助于企业和国家尽早走出新冠肺炎疫情所带来的全球经济阴霾。当前全球经济受到新冠肺炎疫情的影响，经济增长动力不足，各国保守主义有所抬头，这十分不利于全球经济复苏。在此背景下，跨境电子商务以其开放性和联系全球市场的特点，有助于帮助企业利用全球市场，尽快走出困境。由于防疫需求，出入境受到限制，跨境电商以其显著的"线上交易"特征，既可以满足防疫需要，也能够满足人们的消费需求。而且在疫情下，简单的以信息发布、产品展示为核心的跨境电子商务已经无法满足要求，跨境电子商务朝着更为深层次的跨境电子商务服务发展，化危机为机遇，走向电子商务发展的另一个春天，或许是企业和国家得以走出新冠肺炎疫情带来的阴霾的有效途径之一。

（3）网络金融

随着电子商务进入了一个前所未有的飞速发展时期，网络金融也成为了其中一个必不可少的环节，促使金融业走向网络化。所谓网络金融，又称电子金融，是指在国际互联网上实现的金融活动，包括网络金融机构、网络金融交易、网络金融市场和网络金融监管等方面。它不同于传统的以物理形态存在的金融活动，是存在于电子空间中的金融活动，其存在形态是虚拟化的，运行方式是网络化的。它是信息技术特别是互联网技术飞速发展的产物，是适应电子商务发展需要而产生的网络时代的金融运行模式。[①] 1995年10月，美国诞生了第一个网络银行"安全第一网络银行"。这一家银行没有物理实体，以其

---

① 狄卫平、梁洪泽：《网络金融研究》，《金融研究》2000年第11期。

网站首页为营业厅,员工为网站的十几位工作人员,虽然规模很小,但它的诞生被许多传统银行所效仿。全球化时代,金融资本通过对资本市场的运营形成巨大的资本集团和联盟,他们必然要寻求以网络金融业为支撑,在全球范围内寻求资本的最优配置,实现超常规扩张,为网络金融的不断发展提供坚实的基础。[1]

网络金融对全球经济发展的意义在于:首先,网络金融推动金融全球化发展,使资本能够在全球范围内更高效地流动,提高全球资源的优化配置,从而促进全球经济和各国经济发展。网络金融具有巨大的吸引力,金融网站可以做到每天应对无数的用户查询和交易业务且不降低服务质量,同时使交易成本大大降低,曾经有人估计处理一笔交易的费用,虚拟形态的网络银行的成本是传统银行的1%。各国可以在国际金融市场上进行较为容易的融资,为发展创造机遇。其次,网络金融随着自身的发展也在不断创新发展。最初的网络金融业务只是应用了网络信息技术在虚拟的网络空间模拟传统金融业务的流程,如网上银行、网上证券、网上保险等。但信息技术的应用并不仅限于此,网络金融服务中存在大量的交易和结算,由此滋生了网上支付结算业务。随着网络技术的不断发展,对于网络金融业务新领域的探索将是各个金融服务提供商长期的课题之一。[2] 伴随着网络金融的不断创新发展,各个民族国家的金融活动都逐渐融入世界金融体系中,促进了世界金融市场的繁荣。

---

[1] 申琰:《互联网与国际关系》,人民出版社2012年版。
[2] 王琴、王海权:《网络金融发展趋势研究》,《商业时代》2013年第8期。

2. 互联网是经济全球化的加速器

（1）经济全球化

纵观历史，每一次全球经济联系的加强都是以新技术及其相关的基础设施为基础的发明和大规模应用。根据路紫的研究，"13世纪以后，北意大利同欧洲的汉萨同盟通过海陆运输一体化联系到一起；16世纪以后，欧洲和其他国家通过造船和航海技术联系到一起；19世纪以后，以新的火车运输和工业体系技术为基础产生了全球市场；20世纪六七十年代以后，通信网络的不断成熟使全球规模的知识和信息传输成为可能。"① 全球互联互通对于生产联合起着至关重要的作用。全球化是20世纪末和21世纪初最引人关注的现象，全球化这个概念最早是由美国经济学家提奥多尔·拉维特于1985年在题为《市场全球化》的文章中提出的，他是用这个词形容前20年间国际经济的巨大变化，即商品、服务、资本和技术在世界生产、消费和投资领域中的扩散。由此可见，今天我们所说的全球化涵盖范围虽然非常广，但是最早就是从经济领域提炼出来的。

关于经济全球化的定义，学界各有偏重，大致可以归为以下几个方面：一是优化要素配置说，这一类学者认为经济全球化主要包括世界统一大市场的形成和扩大、跨国公司投资的增加、全球金融市场的一体化、信息交流日趋快捷和方便、生产活动的全球化和生产要素的全球配置等。② "经济全球化实际上

---

① 路紫：《信息经济理论》，科学出版社2006年版，第40页。
② 李长久：《全球经济与国家经济》，《经济参考报》，1997年4月；陈宝森：《世界经济全球化、集团化与南北关系》，《世界发展状况》，国务院发展研究中心世界发展研究所，1996年版。

就是市场经济在全球范围内的应用。"① 二是相互依赖说，这一类说法认为，全球化是指跨国商品和服务交易及国际资本流动规模和形式的增加，以及技术的广泛迅速传播使世界各国经济的相互依赖性增强。② 三是资本主义化和美国化，这类学者认为，"全球化的本质就是全球范围内的资本主义化"③，是资本主义生产方式在全球的扩张，全球化就是西方化，甚至美国化。四是国家管理取消说，这类观点认为，全球化应该取消国家对经济的管理权。丹尼尔·耶金认为，"全球化就是24小时相互联系，极度活跃的、剥夺睡眠机会的、并受电子邮件推动的世界。在这个世界上，各国政府对本国经济的影响力将减少。"④ 上述不同观点都有一定根据和道理，但多为对全球化不同方面或特征的强调。本文引用邱嘉锋的观点，"所谓经济全球化，就本质来说是由于生产力的迅猛发展，使国际分工达到前所未有的新阶段，人类经济活动开始大规模地突破国家、民族界限，各国经济逐渐融为一体的历史过程。"⑤ 这一过程可以追溯到地理大发现时期，由于产业革命加速发展，20世纪科技革命和跨国公司的大发展，使得生产要素在世界范围内更广更快地流动，各国之间的经济联系进一步密切，20世纪末的信息技术革命，使得经济全球化进入了新的阶段。但想要实现世界经济一体化，达到世界各国经济完全打破国家民族界限、生产

---

① 朱行巧：《经济全球化：中国何去何从？》，《世界经济与政治》1998年12月。
② 国际货币基金组织：《世界经济展望》，中国金融出版社1997年版，第45页。
③ 宿景祥：《关于经济全球化的几个基本理论问题》，《北京师范大学学报》1998年第5期。
④ 水生：《丹尼尔·耶金解析"全球化"》，《中华读书报》1999年第9版。
⑤ 邱嘉锋：《经济全球化与相关概念辨析》，《世界经济与政治论坛》2001年第3期。

要素不受任何阻碍自由流动的有机体，这一过程仍任重而道远，尤其是在疫情常态化和在逆全球化浪潮肆虐的今天。

（2）互联网促进经济全球化

经济全球化是各种因素综合作用的结果，但从根本上来说，是社会生产力发展的必然结果，而科技作为第一生产力在其中起着十分关键的作用。以计算机技术、卫星通信技术和互联网技术为代表的新技术革命，拓宽了经济全球化发展的广度和深度，成为全球化发展的关键加速器。

首先，互联网信息技术是新科技革命发展的关键技术，为全球化发展夯实了技术基础。技术革命的实质就是不同历史时期起主导作用的技术以及以主导技术为核心的技术群的更迭过程。第一次工业革命带来了新的技术群，我们通常在提起第一次工业革命时候，认为其最大的成就是带人们走进了"蒸汽时代"，所以第一次工业革命的核心是蒸汽机的发展。第二次工业革命在化学、内燃、电机、电报等方面都有惊人的进展，但电力才是第二次工业革命的核心部分。第三次工业革命以计算机技术、卫星通信、互联网等为代表，但其核心部分是互联网信息技术是主导新科技革命的核心力量。1940年9月10—13日在达特茅茨学院召开的一次美国数学协会的会议上，贝尔实验室的乔治·斯蒂彼茨用来演示的，后来被称为"贝尔实验室模型1号"的"复杂计算机"，就安放在会场外的过道里。这次实验甚至比1946年诞生的第一台电子管计算机还早6年，不少探讨电脑网络历史的书之所以首先提到这台"模型1号"，是因为这次实验向人们显示了远距离控制计算机的需要和可能。1951年麻省理工学院成立著名的林肯实验室，其主要的研究项目就是"远距离预警"，是第一个真正实时的人机交互作用的电脑网络系统。1962年，保罗·巴兰发表《论分布式通信网络》，提出分布式通信网络的模型及包切换的原理。1965年，梅里尔代表"美州电脑公司"提议在马萨诸塞州和加利福尼亚州之间进行一次联网实验，这是人类第一次远距离接通两种不同电脑，而且系统使用的是"分时"的方式。如此等等都说明了网络技术的发展贯穿了二战以后至今的整个人类的历史。[①] 当代科技革命是以信息技术、生物技术、新能源技术等组成的一个技术群，然而信息技术在其中具有特殊的地位和性质。信息技术的四基元分别是传感技术、通信技术、智能技术和控制技术，这些技术对整个人类社会的生产和生活方式的影响是全面的、根本性的。例如生物技术和新能源技术，它们的影响仅局限于某一方面，而信息技术已经渗透到社会生产生活的一切领域，使得社会面貌发生了颠覆性的变化，所以我们这个时代也被称为"信息时代"或者"信息社会"。综上所述，我们可以说，以互联网信息技术为主导的高科技技术群，引领了本次新技术新革命的发展，为经济的全球化提供了坚实的物质基础。

其次，互联网信息技术推动了经济全球化的发展。互联网被普遍运用到人类生产和生活的各个领域后，全球化就进入了一个崭新阶段。全球范围内互联网的普及和信息的快速流动，打破了以往时间和空间因素对于全球经济活动的种种限制，大大降低了交易的成本和提高了交易效率，使得各种生产要素得以在全球范围内流动的空间和效率空前拓宽，各国的公司、企业走向国际化，世界各国的市场连为一个有机的整体。近年

---

① 吕兴焕：《信息技术革命的重新界定》，《天中学刊》2002年第6期。

来，全球各地金融中心随着计算机网络和通讯基础设施在全球的互联互通，实现了 24 小时不间断交易。不仅如此，当前各国在生产、流通、消费等环节的相互依赖程度日益加深，形成了你中有我、我中有你的高度相互依存局面，各国在经济上的相互依赖不断增强。技术创新和网络的互联互通，还使得信息收集、处理、传播的速度急剧提升，金融信息随时向全世界发布，大大提升了经济活动的效率。总之，互联网时代的全球化是一个被计算机网络和在网络中高速流动、四通八达且如同巨浪般涌来的信息所缠绕着的全球化，互联网时代的全球化力度，无论其深度、广度和速度都是以往任何一个时期的全球化所无法比拟的。[1] 由于信息技术革命对互联网时代全球化的到来发挥了不可取代的推动作用，因此，把互联网时代的全球化的经济命名为"信息经济"是比较合适的。[2] 曼纽尔·卡斯特认为，这种"信息化、全球与网络化的经济"，"之所以会在 20 世纪最后 25 年里出现，是因为信息科技革命提供了不可或缺的物质基础"。之所以称为信息化，是因为在这种经济体内，单位或作用者的生产力与竞争力，基本上看它们能否有效生产、处理及运用以知识为基础的信息而定；之所以称为全球的，乃是因为生产、消费与流通等核心活动，以及它们的组成元素是在全球尺度上组织起来的，并且若非直接进行，就是通过经济作用者之间连接的网络来达成；之所以是网络化的，则是因为在新的历史条件下，生产力的增进与竞争的持续，都

---

[1] 鄢显俊：《互联网时代的全球化：缘起及经济特征》，《世界经济与政治》2003 年第 4 期。

[2] 鄢显俊：《互联网时代的全球化：缘起及经济特征》，《世界经济与政治》2003 年第 4 期。

是在企业网络之间互动的全球网络中进行。① 信息经济创新了经济交往手段，丰富了经济活动内容，带来了全新的全球经济增长手段，极大地推动了经济全球化的发展。

最后，互联网时代的全球经济加深了各国间相互依存与国际合作。一方面，以经济全球化为基础，不同发展水平国家之间的利益相互交织，全球范围内正在形成一个相互依存、相互依赖的经济整体，各国加强国际合作能更好的实现国家利益；另一方面，由于当今世界正处于一个传统与非传统安全问题交织的时代，任何国家都无法独善其身，国家之间必须通过加强合作才能有效应对各种风险。伴随着互联网深入到经济领域，跨国公司的迅速发展就是国际合作日益紧密的结果。《世界投资报告》（2005年）这样定义跨国公司的范畴：凡是有跨国经营性质的公司都可以归结到跨国公司中来。美国哈佛大学教授米歇尔·波特认为，"市场之争实际上不是发生在国与国之间，而是在公司与公司之间进行。迄今为止，我不曾看到哪个国家没有强大的公司就能在全球经济中站立的，没有强大的公司也就没有经济的持续发展。"② 据研究表明："跨国公司内部贸易占世界贸易的将近1/3，跨国公司在技术开发及其国际扩散中起着重要作用，它们占有世界技术贸易的大约80%，并支持着大多数的私人企业的研究和开发。"③ 跨国公司正在超越许多民族国家成为国际经济活动的重要主体，其所塑造的全球网络成为当今世

---

① [美]曼纽尔·卡斯特著，夏铸九、王志弘等译：《网络社会的崛起》，社会科学文献出版社2001年版。

② 陈友良：《对西方跨国公司全球扩张的几点思考》，《世界经济与政治》2001年第5期。

③ 张丽：《跨国公司与城市国际交往功能提升》，载《北京国际交流中的发展报告（2019）》，社科文献出版社2019年版，第11页。

界经济体系的一大重要特征。跨国公司以直接投资的方式，在世界各国各个城市设立分支机构，在相关行业领域构筑起全球性的生产体系，对于跨国公司投资国来说，通过跨国公司可以游刃有余地利用和配置市场资源；对于东道国来说，拓展了城市对外经济发展渠道，促进了城市对外经济合作，从而降低了各国之间经济对抗的可能性，直接促进了国际合作。其次，有信息化的地方，就有安全需求。互联网网络的易受攻击性和脆弱性与经济全球化下对安全的更高要求之间的矛盾，要求各国必须加强国际合作。当前，全球信息经济都建立在互联网的安全稳定运行基础之上。2001年5月时任美国总统国家安全事务顾问的莉扎·赖斯曾说："今天的信息经济就是经济本身……切断了网络就能使一个国家陷入瘫痪。"肯尼思·华尔兹也曾说："国家间紧密的相互依赖意味着这些国家要接受或是易受由高度相互依赖导致的普遍的脆弱性影响。"[①] 这句话也适用于互联网时代各国所面临的经济风险，工业、农业、服务业、银行、金融、证券、海关、铁路、电力等关键的经济领域对于互联网等基础设施的依赖性越来越强，由此引发的数据安全事件频发，主要集中在网络安全、系统安全、个人设备安全、供应链安全和数据安全等方面，冲击着各国经济的稳定。如2016年10月21日，美国东海岸发生世界上瘫痪面积最大（大半个美国）、时间最长（6个多小时）的分布式拒绝服务（DDoS）攻击。2017年5月12日爆发的"WannaCry"的勒索病毒，通过将系统中数据信息加密，使数据变得不可用，借机勒索钱财。病毒席卷近150个国家，教育、交通、医疗、能源网络成为本轮攻击的重灾区。

---

① ［美］肯尼思·华尔兹著，信强译：《国际政治理论》，上海人民出版社2008年版。

2018年8月3日，台积电遭到勒索病毒入侵，几个小时之内，台积电在中国台湾的北、中、南三个重要生产基地全部停摆，造成约2.55亿美元的营业损失。① 由于互联网具有多向连接性，一旦互联网内部失灵或者遭到外部攻击，其影响往往超过一国的范围。因此，这就要求国际社会加强沟通协调、共同应对，互联网安全要打"团体赛"。面对网络安全问题频发的现象，各国在这方面均进行了很大努力，建立起了双边或者多边的合作机制并取得了一定的成效。例如，美日两国启动了多层次的网络安全对话合作机制，从宏观战略和微观政策上规划与落实网络安全合作，聚焦民用网络安全、军事网络安全和国际规则合作三大领域。② 2017年3月7日，中国的《网络空间国际合作战略》全面宣示我国在网络空间相关国际问题上的政策立场，系统阐释中国开展网络领域对外工作的基本原则、战略目标和行动要点，旨在指导中国今后一个时期参与网络空间国际交流与合作，推动国际社会携手努力，加强对话合作，共同构建和平、安全、开放、合作、有序的网络空间，建立多边、民主、透明的全球互联网治理体系。③

综上所述，互联互通的互联网技术给经济全球化奠定了坚实的基础，促进了经济全球化的深入发展，并且使得国家间的相互依赖增强，增加了国际合作的机会。

（二）互联网是世界两极分化的加速器

未来学者阿尔温·托夫勒曾说："信息可以带来财富或者提升暴力的能力。"与互联网创造的经济增长形成一定对比的是：

---

① 沈昌祥：《数字经济时代下新机遇与网络安全》，《互联网经济》2019年第4期。
② 江天骄：《美日网络安全合作机制论析》，《国际展望》2020年第6期。
③ 《网络空间国际合作战略》，《人民日报》2017年3月2日。

国际社会的贫富差异不仅没有消除，而且因为"数字鸿沟"的出现，贫富国家之间的差距越来越大。互联网改变了大国竞争的内容，传统国家的争夺对象是领土和自然资源，当今世界的争夺对象变成了数字——数据，为了获得数字世界的主导权，发达国家会凭借自身优势，推行新的"网络霸权主义"，从而进一步阻碍发展中国家的互联网发展，旧的"经济鸿沟"尚未填平，又出现了新的"经济鸿沟"，使得两极分化程度不断加剧。

1. 日益扩大的"数字鸿沟"

20世纪90年代末，互联网以前所未有的速度在全球范围内迅速扩张，仅4年就达到了电话、无线、电视用了十几年才取得的成就，呈现出爆炸式的增长。但是，这种爆炸式的增长是一种极其不均衡的扩张。由于先进的互联网技术是以大量的资金和人才投入为基础的，而欠发达的国家之所以欠发达一个重要原因正是由于技术设施的落后，所以在互联网方面富国和穷国的差距比全球富国与穷国人均收入差距的悬殊程度还要严重。有研究表明，全球收入最高国家中的1/5人口拥有全球生产总值的86%和国际互联网用户的93%，而收入最低的1/5人口只拥有全球生产总值的1%和国际互联网用户的0.2%，这表明以国际互联网为代表的新兴信息通信技术在各个国家的普及是极不平衡的，一方面少数国家和地区在迅速地信息化或网络化，而另一方面大多数国家和地区被边缘化或隔离化。[①]

最早关注到"数字鸿沟"这一话题的是英国，1989年11月，英国《时代教育副刊》发表了题为《数字鸿沟》的

---

① 胡鞍钢、周绍杰：《新的全球贫富差距：日益扩大的"数字鸿沟"》，《中国社会科学》2002年第3期。

文章；1995年到2000年，美国商务部下属的国家电信与信息管理局前后四次发布《在网络中落伍》的数字鸿沟报告，并且将其列为重要的经济问题和人权问题，美国上述四个数字鸿沟报告直接推动了数字鸿沟在全球的普及，并为全球数字鸿沟测量做出了最早的示范。[①] 所谓"数字鸿沟"，是指信息与通信技术的接入与使用过程中出现的个体、家庭、社区、组织、地区、国家等之间的不平等现象，以及在利用上述渠道所获取信息方面的技能与知识的差异，[②] 是目前信息经济的核心问题之一。"数字鸿沟"的不断扩大表现在不同地理区域、不同发展水平的国家之间，也体现在一个国家内部不同地区、不同人群之间。

首先，不同地理区域间的"数字鸿沟"在不断扩大。有关"数字鸿沟"的研究表明：如果将全球国家和地区分为四个大类，即：信息化水平很高（一类国家和地区）、信息化水平较高（二类国家和地区）、信息化水平中等（三类国家和地区）、信息化水平较低（四类国家和地区）。同时，每类国家和地区再细分为三小类，分别代表高、中、低三个等级。利用聚类分析计算了各类国家和地区信息化指数平均值（见表3-1），根据各国信息化指数值，本文给出了信息化指数的聚类结果（表3-2）

[①] 闫慧、张钰浩、张鑫灿：《全球数字鸿沟发展报告》，载《全球数字经济竞争力发展报告（2018）》，社会科学文献出版社2018年版。
[②] 闫慧、张钰浩、张鑫灿：《全球数字鸿沟发展报告》，载《全球数字经济竞争力发展报告（2018）》，社会科学文献出版社2018年版。

表3-1　2011—2014年各类国家和地区信息化指数平均值

年份	2011	2012	2013	2014
一类国家和地区	5.05	5.18	5.19	5.26
二类国家和地区	4.12	4.24	4.29	4.37
三类国家和地区	3.63	3.74	3.77	3.84
四类国家和地区	3.11	3.22	3.28	3.29

资料来源：张彬、胡茜、陈思祁等：《信息化与数字鸿沟发展现状和展望》，载《中国信息化形势分析与预测（2015—2016年）》，社会科学文献出版社2016年版。

表3-2　2011—2014年国际信息化指数聚类结果及排名

大类	小类	国家和地区
第一类	高	芬兰，新加坡，荷兰，瑞典，挪威，美国，韩国，英国
	中	日本，卢森堡，阿联酋，加拿大，澳大利亚，新西兰，卡塔尔，以色列，瑞士，爱沙尼亚，德国
	低	冰岛，法国，爱沙尼亚，德国
第二类	高	爱尔兰，马来西亚，立陶宛，西班牙，葡萄牙，沙特，智利，阿曼
	中	拉脱维亚，乌拉圭，中国，哈萨克斯坦，约旦，塞浦路斯，哥斯达黎加，斯洛文尼亚，匈牙利，捷克，哥伦比亚，巴拿马
	低	俄罗斯，斯洛伐克，意大利，土耳其，毛里求斯，波兰，北马其顿，黑山，阿塞拜疆，克罗地亚，印尼，菲律宾，墨西哥，南非，科威特，巴西
第三类	高	亚美尼亚，肯尼亚，希腊，罗马尼亚，蒙古，萨尔瓦多，摩尔多瓦，秘鲁，越南，印度，保加利亚，乌克兰，特立尼达和多巴哥，埃及
	中	摩洛哥
	低	塞尔维亚，圭亚那，牙买加，多米尼加，洪都拉斯，纳米比亚，加纳，博茨瓦纳，塞内加尔，危地马拉，佛得角，黎巴嫩

续表

大类	小类	国家和地区
第四类	高	冈比亚，委内瑞拉，玻利维亚，吉尔吉斯斯坦，伊朗，巴基斯坦，尼日利亚，赞比亚，孟加拉国，巴拉圭，柬埔寨
	中	尼泊尔，喀麦隆，乌干达，马里，尼加拉瓜
	低	斯威士兰，莱索托，马达加斯加，布基纳法索，阿尔及利亚，马拉维，也门，毛里塔尼亚

资料来源：张彬、胡茜、陈思祁等：《信息化与数字鸿沟发展现状和展望》，载《中国信息化形势分析与预测（2015—2016年）》，社会科学文献出版社2016年版。

根据表3-2我们可以得知：其一，信息化发达国家与信息化欠发达国家差异明显，一类地区信息化指数值是四类地区的1.6倍左右。其二，各大洲信息化水平差异明显。欧洲、北美洲、大洋洲信息化水平处于世界领先位置。亚洲整体上处于较低水平（日韩除外），非洲大部分国家没有统计数据，有统计数据的国家则显示出很低的信息化发展程度。南美洲信息化水平也较低，但整体上优于非洲。综合考虑世界各地区经济发展水平，不难看出，信息化发展程度较好的地区一般也是经济比较发达的地区。其三，各大洲内部信息化发展差异比较明显。以欧洲为例，北欧和西欧国家信息化水平明显高于东欧国家信息化水平。其中北欧的芬兰、荷兰和瑞典的信息化水平长期处于世界前列，而东欧大部分国家的信息化水平长期处于世界中游水平。在亚洲，日本、韩国的信息化属于世界一类国家和地区水平，中国、哈萨克斯坦及印度的信息化处于二类国家和地区水平，而东南亚和中亚等国的信息化发展程度相对较低。信息化水平越高的地区网络的发展速度也就越快，由此，高信息化水平地区与低信息化水平地区之间的差距进一步拉大，各地理区域间普及和发展的不平衡性也进一步加剧了。①

其次，"数字鸿沟"在同发展水平国家之间的差距也越拉越大，这主要凸显在发达国家与发展中国家之间。世界银行在题为《2001年全球经济展望和发展中国家》的报告中指出：互联网在加快全球经济增长速度的同时，也使那些不能有效获取信息的国家进一步面临经济孤立的问题，从而拉大贫富差距。发达国家与发展中国家因为经济水平的差距，在信息基础设施方面的投入能力不同，导致数字鸿沟方面存在的巨大差距，甚至超过了经济之间的差距。2000年7月联合国秘书处公布的资料显示：目前收入最高国家中的1/5人口拥有全球国内生产总值的86%，其互联网用户数量占全球互联网用户的93%；而收入最低国家中的1/5人口只占有全球GDP的1%，其互联网用户数量仅占全球互联网用户的0.2%。可见，发达国家与发展中国家在互联网用户数量上的差距比GDP的差距还要严重。② 国际电联发布了其对全球数字连接状况的年度概述——2021年版《事实和数字》，③ 这份报告显示，全球互联网使用量强劲增长，使用过互联网的人数从2019年估计的41亿猛增到2021年的49亿。但这其中存在严重不平等，仍有29亿人处于离线状态中，这其中的

---

① 张彬、胡茜、陈思祁等：《信息化与数字鸿沟发展现状和展望》，载《中国信息化形势分析与预测（2015—2016年）》，社会科学文献出版社2016年版。

② 孙敬水：《数字鸿沟：21世纪世界各国面临的共同问题》，《国际问题研究》2002年第6期。

③ "国际电联：2021年全球数字连接状况报告［事实和数字］"，PMCAFF，http://coffee.pmcaff.com/article/13756382-j，2021-12-04。

96%都生活在发展中国家。国际电联电信发展局主任多琳·伯格丹—马丁说："在最不发达国家仍然存在巨大的'连接鸿沟'，那里几乎有3/4的人从未连接过互联网。"这充分表明，享受互联网信息技术爆炸式增长的主要是"富有国家"，那些发展水平落后的国家仍然是"落后国家"，甚至添加了一个新的标签——"数字贫困"国家。

最后，"数字鸿沟"在同一地区或同一国家内的差距也日益显著，这其中既包括发达国家，也包括发展中国家。毫无疑问，美国的信息化水平和网络普及率位于世界的前列，然而即便在这样发达的国家，也存在着巨大的数字鸿沟问题。美国年收入7.5万美元的家庭87%拥有电脑，68%家庭能上网；年收入低于2.5万美元的家庭中只有7%有电脑，2%能上网。美国的数字鸿沟还与种族问题相关联，美国白人使用互联网的机会远远超过黑人。美国商务部负责电信的助理国务卿拉里曾说："美国的数字鸿沟正在变成'种族峡谷'，它已经成为美国首要的经济和民权问题。"[①] 中国作为最大的发展中国家，"数字鸿沟"问题也十分严重，据研究表明，我国区域数字鸿沟指数在2015—2017年扩张速度较快，由0.43增长到0.54，累计增长率达25.52%。我国区域数字鸿沟始终呈现持续扩大的发展路径。区域数字鸿沟由2015年的0.43上升至2016年的0.476，2017年持续上升至0.54。我国信息化水平明显呈现沿海地区高、内陆地区低即东高西低的现象，信息化发展较好的地区基本集中在东部沿海省份，信息化发展较差的地区多分布

[①] 张彬、金知烨、彭书祯等：《中国信息化发展与数字鸿沟现状的区域比较分析》，载《中国信息化形势分析与预测（2018—2019）》，社会科学文献出版社2019年版。

在西部和中部地区。①

综上所述，因为互联网普及和应用的不平衡性，使得发达国家在工业化积累的经济基础和政策扶持下，实现了从传统经济向信息经济的转变，而此时发展中国家仍在向全面工业化转变，形成了"隔代差"，这使得信息地球村的村民们富的更富、穷的更穷，从而使得这种贫富差异渗透到了经济、政治、军事等各个方面。发达国家与发展中国家在信息化领域的差距甚至远超目前南北经济总量之间的差距，数字鸿沟进一步拉大南北差距。数字鸿沟也加深了一国内部的社会分化，任何一项新技术所带来的红利，只能先由一小批人享受，这些人作为直接受益者，很有可能会形成新的高等阶层，这是社会学和经济学逃不开的规律。然而，能够接触到新技术的阶层大概率也是旧的高等阶层，使得社会内部的贫富差距越拉越大，社会两极分化严重。美国就是一个典型的案例，美国的数字鸿沟化加剧了旧有的阶层、种族、性别问题，产生新的结构性失业问题，使西方社会的内在矛盾更为复杂化。

2. 互联网成为经济霸权主义的新工具

少数发达国家特别是美国搭上了信息革命的首班车，通过技术创新、经济转型和全球垄断获取"绝对先行优势"，已经牢牢占据了信息革命和知识经济的制高点。为了实现本国的各种利益，以美国为首的西方少数发达国家大肆推行强权政治和霸权主义，深化了不平等的"中心依附"关系，使"新经济殖民主义"抬头，网络成为其推行霸权主义的新工具。所谓网络

---

① 张彬、金知烨、彭书祯等：《中国信息化发展与数字鸿沟现状的区域比较分析》，载《中国信息化形势分析与预测（2018—2019）》，社会科学文献出版社 2019 年版。

霸权主义，指的是一国利用在信息网络技术方面的绝对优势不公正地为本国攫取政治、经济和军事等方面的利益。[①] 当代全球经济系统是由美国政府主导、跨国网络公司利益驱动而形成的，网络不仅成为政治驯化与控制的工具，而且成为利用剥削获取巨额利润的主要来源。以网络为基础的数字化经济已使技术殖民合法化，形成了新的网络经济霸权主义。

首先，在互联网的监管上表现出霸权主义。全球互联网的最高管理机构"互联网名称与数字地址分配机构"（ICANN）是隶属于美国商务部的一个非营利机构，它不仅负责域名的分配，还控制着管理互联网主目录的所有根服务器。[②] 一直以"自由民主"自榜的美国，一方面对别国的互联网管理指手划脚，另一方面却以"保护安全"为由，对本国的互联网进行严格的规制和管理；一方面控诉其他国家对美国进行网络攻击，另一方面却制定庞大的监控计划，对他国政府和民众的互联网行为严密监控和攻击。"只许自己放火，不许他人点灯"，正义全在己方，网络管理霸权主义赫然显现。[③] 中国是美国指手画脚的首要对象，2010年1月美国国务卿希拉里发表题为《网络自由》的演讲之后，这一指责达到了人尽皆知的程度，美国利用一切可能的公开场合高调提出所谓的"互联网问题"，从白宫到国务院、由官至商，发起了针对非西方国家互联网管理的强势攻击。然而在美国指责他国"不自由"的同时，美国对国内的网络也加强公权干预、内外监控，并且进行暗中引导

[①] 申琰：《互联网与国际关系》，人民出版社2012年版。
[②] 申琰：《互联网与国际关系》，人民出版社2012年版。
[③] 高婉妮：《霸权主义无处不在：美国互联网管理的双重标准》，《红旗文稿》2014年第2期。

和操纵，令其营造有利于自身的舆论环境。2013年的"斯诺登事件"透露出美国正通过自身在网络科技和数据筛选方面的优势监控全世界，上至大大小小的国家，下至普普通通的人民。

其次，美国占据网络信息技术的高位，控制着信息生产方式与传输通道。美国大型互联网企业和网络公司开发软件来控制"信息生产方式"，控制了这些方面就等于控制了经济。网络虽然使得人们可自由获取信息，但与网络有关的硬件与软件的技术仍把持在美国的跨国公司手中，全球信息的流动、传播和运算大多是由美国的网络公司来运作的，美国政府扮演了幕后控制者，充当前锋的是微软、谷歌等网络公司巨头，"当今，对未来的网络拥有所有权的最显然的候选者就是那些主要的软件公司，他们又显然是受无处不在的大公司的领导，如微软"，[1] 由他们制定了规则和标准并以此约束其他国家，现实是美国掌握了全球信息的绝对控制权。在信息经济的今天，信息是经济增长的关键变量，美国及其跨国公司正在利用网络技术高位压制和控制弱势国家的经济活动，在全球经济领域存在着等级制现象。

最后，信息经济中的剥削关系。网络巨头公司无偿占用用户的数字资源，通过重新加工，以更贵的方式卖给所需用户，产生了新的经济霸权主义。网络跨国公司本身不产生信息，但通过注册用户提供的信息，这些网络公司可以通过大数据技术对网民的信息进行深度挖掘，而大数据技术是一项门槛极高的

---

[1] Fowler, Peter, "Who Owns the Internet?" In O'Reilly and Associates, eds, The Internet and Society, Cambridge: Harvard University Press, 1997.

技术，需要高质量的硬件、软件、人才的支持，当前，只有微软、英特尔、亚马逊等互联网巨头才是这项技术的主要玩家。这些统治全球经济产品的网络公司巨头构成了一个"剥削阶级"，它们乐于向全球出售它们的发现，最大程度地从数字空间获取利益。例如，脸书将公司和论坛公共空间合二为一，2017年，脸书的月均活跃用户数为21.3亿。脸谱的用户一旦注册，只要他们选择继续留在脸书，其发帖时就要遵守公司商业性的规定和服务条款，而脸书只有在断定"妥协"符合公司商业利益时，才会对用户让步。用户的参与和出售用户的个人信息，包括将用户的个人、文化、政治甚至革命活动进行经济价值利用，已成为跨国网络公司进行商业化活动的一种新途径，网民的协作劳动及情感成为网络公司用来创造巨额财富的来源。每个人虽然对自己的信息拥有个人权利，但谷歌、雅虎、亚马逊、推特等美国网络公司却在各自领域里建立起了全球垄断或主导地位。跨国网络公司掌握的数据库增加了公司的权力，有利于这些网络经济统治阶级，网民就是免费的被剥削劳工。[①] 美国互联网巨头乘着满载数据的船只，已陆续踏上了大数据航海之旅，全球网络空间成为一个十分重要的经济剥削领域。

---

① 陈睿：《美国在网络空间中的霸权主义透视》，《湘潭大学学报（哲学社会科学版）》2019年第4期。

第 四 章

大众传播与世界政治中的民粹主义

第一节 民粹主义及其对驱动下的网络抗争

随着科技的发展与社会的变化,互联网成为全社会的共同媒介,"自媒体""我媒体"的出现,成为互联网社会的首要特征;去中心化、大众化也意味着民间个人叙事的高涨。[①] 这意味着个体能够突破以往传播渠道的限制,成为大众传播的主体之一。互联网发展的过程,也是公众被赋予编辑权、发布权的过程。与互联网迅速成为主要大众传播的主要场域之一同步,随着反现代化思潮的发展,民粹主义在全球又呈抬头之势,互联网的平等性、聚集性等为民粹主义思潮提供了技术支

---

① 陈龙:《Web2.0时代"草根传播"的民粹主义倾向》,《国际新闻界》2009年第8期。

持。网络民粹主义思潮也是现实生活的延伸，众声喧嚣的网络世界，在客观上造就了网络世界的激进氛围。持续20年的墨西哥萨帕塔运动成功的原因之一，就是其组织者善于利用互联网，以精心制作的话语进行情感动员。通过丰富的话语、文本、剧目与景观的设立，来自恰帕斯州的土著人游击队成功赢得全世界舆论的支持，在与墨西哥政府的对话中占据主动权。萨帕塔运动与民粹主义政治的启动模式非常接近。萨帕塔人书写了一个关于底层印第安人反对新自由主义政策的话语体系；互联网世界充满了数以亿计天然带有不满情绪的网民，被这套话语体系成功激活。萨帕塔人带有民粹色彩的言说促使很多网民投入舆论战中，后者成为了席卷全球的"萨帕塔同盟军"，汇集成了互联网革命的一部分。可见，这场充满"浪漫主义"的网络抗争运动的运作机理，就是与民粹主义暗中合流，组成强大的抗议声浪，因此它保留了民粹主义的激情与愤怒，也呈现了民粹主义非理性的一面。

一、相关研究回顾

（一）民粹主义研究

在现代语境中，民粹主义是一种反现代化的现代化产物，形成于社会转型时期，以中下层大众为诉求对象，坚持反精英、反体制的社会批判立场。民粹主义的基本理论包括：极端强调平民群众的价值和理想，把平民化和大众化作为所有政治运动和政治制度合法性的最终来源；依靠平民大众对社会进行激进改革，并把普通群众当作政治改革的唯一决定性力量；通过强调诸如平民的统一、全民公决、人民的创制权等民粹主义价值，对平民大众从整体上实施有效的控制和操纵。① 民粹主义更像是一个"政治涂料"，它可以涂在截然相反的不同意识形态和政治体制上。迄今为止，它不仅与自由主义、保守主义、民主主义等联姻，而且也与法西斯主义、民族主义、权威主义等结合。左翼民粹主义带有强烈的反建制倾向，进行革命、改良、多元、抗争等动员。而右翼民粹主义则保守、排外、自闭，宣扬种族主义。民粹化的意识形态带有一定的攻击性，表现为狂躁、愤怒、不稳定，常常被用作情绪动员并转化为集体行动。

一般认为，民粹主义起源于俄罗斯，并在欧洲、拉丁美洲、亚洲等广泛爆发。② 一开始，民粹主义并不用于贬义，因为它坚持"人民至上"或"民众中心"，这贯彻了社会主体的利益诉求。包括皮科内（Paul Piccone）、乌尔门（Gary Ulmen）等学者对民粹主义都持有一种较为包容而乐观的态度。阿根廷学者埃内斯托·拉克劳（Ernesto Laclau）也认为，民粹主义是一种建构政治的方式，有一定的合理性。但经历了19世纪和20世纪欧洲、拉美民粹主义浪潮，很多学者都注意到了民粹主义与法西斯之间的"暧昧"关系，学者对其的评价慢慢趋于负面。齐泽克（Slavoj Žižek）就说过，其蕴含着某些"原始法西斯主义倾向"（protofascist tendency）。③ 我国学者对于民粹主义的观点也倾向于批判，俞可平就认为，民粹主义对于现代化和

---

① 俞可平：《现代化进程中的民粹主义》，爱思想网，http://www.aisixiang.com/data/2623-2.html，2003-12-26。
② 俞可平：《现代化进程中的民粹主义》，爱思想网，http://www.aisixiang.com/data/2623-2.html，2003-12-26。
③ Slavoj Zizek, "Against the Populist Temptation," Critical Inquiry, Spring 2006, Vol. 32, No. 3.

社会进步来说,"或许是福音,但很可能是祸害"。

由于民粹主义的极化特性,它能成为任何一种意识形态的加速器,并助其激化、锐化、工具化,从而令某种意识形态形成一种对抗性的思潮。本杰明·莫菲特认为,民粹主义更多是一种风格,是一种构建政治关系的表现方法。由于"政治涂料"的特性,它能让温和的意识形态变得充满侵略性与排他性。保罗·塔格特(Paul Taggart)认为,"民粹主义缺乏实质性的核心价值,因此它可以依附于不同的意识形态,民粹主义是对极端危机感的一种反应"。①

从正面的角度讲,民粹主义的口号在国家面临政治危机时具有很大的吸引力。政治家的民粹主义主张通常能在短期内迅速而有效地动员广大的群众,把他们纳入政治过程,从而获得广泛的群众基础。这对加强政治领袖个人的政治权力,维护短期的社会政治稳定,以便推行其政治主张,具有直接的作用。但是,由于民粹主义具有激进化、极端化等特点,它经常会被看作是一种政治机会。社会运动能让社会权力结构发生变化,而民粹主义思潮就为社会运动寻求着这种动力来源。保罗·塔格特说,"民粹主义是间歇性的插曲……在其极盛时,它总会使政治的内容和基调发生结构性变化。"② 网络为民粹主义的蔓延提供了可能性,各种思潮在政治涂料的加持下,形成了更为激进、极端化的意识形态。无论是自由主义、保守主义、多元主义、环保主义、女权主义等,在网络民粹主义的渲染下,都呈现出激进主义的各种变种。

---

① Paul Taggart, "Populism," Open University Press, 2000.
② Paul Taggart, "Populism," Open University Press, 2000.

（二）民粹主义：政治极化集聚的现实投射

政治极化发展为民粹主义存在的显性路径。当用户存在某种程度的价值观偏执，就会具备民粹主义的某种特质，比如情绪化、非理性、排他性等极端禀性。而当价值观相似的极端用户通过网络链接而产生意见集聚，在实现一定组织化与常态化后就会成为带有民粹主义特质的群体，并通过一系列社会运动展示其存在；当价值观不一致的群体之间出现行动与言语上的对立及冲突，并在对抗中不断自我强化固化，就会形成泾渭分明的阵营派别，并导致社会割裂与动荡，甚至可能导致国际冲突。

民粹主义高涨是当下世界局势的显著特点，而政治极化普遍被认为是民粹主义形成的根本原因之一。民粹主义是一个非常复杂的形态，不同的社会民粹主义有不同的表现，而且即使在同一个社会里，民粹主义也体现为不同的形态，从而划分为截然不同的阵营。卡斯·穆德（Cas Mudde）提出，"一种内核空洞的意识形态，常常呈现在与其他意识形态的混合循环中"。[1]当下语境的民粹主义被认为带有强烈的情绪性、抗争性与排他性的意识形态，它经常以带有冲突性的社会运动等方式表现出来。在当下全球能见的范围内，西方国家出现一系列带有民粹主义的运动浪潮。它包括线上的内容生产与线下的社会运动，包括美国的"占领华尔街"、英国的"占领伦敦"、法国的"黄背心"运动、西班牙的"愤怒者"运动。除此以外，还有其他的民粹主义表现，比如自由主义、社群主义、环保主

---

[1] "'民粹主义'一词是个筐，什么坏事都能往里装？"，新浪财经，http://finance.sina.com.cn/roll/2017-01-04/doc-ifxzizus3650234.shtml, 2017-01-14。

义、复古主义、无政府主义等极端组织,他们与异己们产生正面冲突。① 由于底层大众在规模与呼声上占据最数量优势,因此民粹运动多体现为反权贵、反精英或者民族主义、国家主义的左翼路线。

1. 意见集聚:民粹主义的行动基础

民粹主义浪潮的行动前提是持有极化观念的人群聚集,并为联合行动做准备。分类与集聚是一个群体再塑造的过程,大数据会根据大量用户脸谱特征进行分类,但又会将脸书相近的用户重新组织起来,并加以共同的驯化。这导致这部分人被赋予共同信息,而认知也开始趋同。智能推送功能导致用户"信息偏食""价值偏信",必然产生一大批偏执用户。偏执用户经历了从认知到行动的嬗变,通过智能媒体自带的社交功能,相同价值观的人可以通过网络实现聚集,从而形成"茧房"内的信息分享(比如在微信上建群)。这部分人通过类似的智能媒体实现组群、联合,出现意见领袖,投入实际行动,甚至组成意识形态的区域/全球联盟。这部分人因为共同的意识形态与价值取向形成了集聚,并加以组织化制度化,固化为一种"想象的共同体"。张爱军指出,"利用大数据会真实再现意识形态在网络里的分布,过去那种以隐性方式存在的意识形态或者想象共同体式的意识形态被大数据客观地、海量地呈现出来。"这意味着智能推送技术的深化,逐渐催生了一些行动力较强的组织:他们以意见领袖为纽带,通过自主途径建立组织制度与行动纲领。需要指出的是,一些组织有时以非政治的议

---

① "特朗普最舍得在 Facebook 花钱投放政治广告",新浪科技,https://tech.sina.com.cn/i/2018-07-18/doc-ihfnsvza1079718.shtml,2018-07-18。

题为纽带，但不自觉地带有了民粹主义的意识形态：比如某支地方足球队的球迷群很可能成为带有地域保护主义色彩的民粹主义者；工人联谊小组很可能成为左翼的民粹主义者。

需要指出的是，智能推送技术促进了意见的集聚。在西方大选中，政治家往往采用智能推送技术寻找自己的选民，以确保争取最多的票数。2018年3月爆出的脸书丑闻，就披露了一款名为"这是你的数字生活"（this is your digital life）的应用挖掘了5000万脸书用户数据的报道，这些数据有助于精准地找到"可能支持特朗普的人"。① 这些带有极端主义倾向脸书的用户在收到信息持续轰炸的时候，成了特朗普的忠实选民。另外，数据分析企业剑桥分析公司也被认为参与了特朗普胜选及英国脱欧等大选或公投行动，利用"情感因素"向选民发送"定制"广告，以影响他们的选票去向。② 大数据技术逐步展示出对社会的强大控制力，由纯粹的技术变成了主导者。

2. 观念冲突：民粹主义的排他与宣泄

民粹主义的特点在于排他性与斗争性。在现实中民粹主义经常与暴力冲突、街头运动、抗争口号联系在一起，在网络上则表现为观念的冲突与不可调和。如前文所述，民粹主义是一种"政治涂料"，它可以依附于任何意识形态之上，也就是说，民粹主义者其实存在着多种不同的派别，他们之间有时可以联合，有时又势不两立，处于左冲右突的状态。比如激进自由主义的拥护者与激进的国家主义者之间经常在网络上展开针锋相

---

① "大数据分析助推特朗普胜选及英国脱欧，定制推送影响选票去向"，环球时报，http：//world.huanqiu.com/article/9CaKrnK0OHi，2017-02-27。
② "大数据分析助推特朗普胜选及英国脱欧，定制推送影响选票去向"，环球时报，http：//world.huanqiu.com/article/9CaKrnK0OHi，2017-02-27。

对的谩骂。投影到现实中，他们发起的社会运动往往展示出抗争性的一面，不过他们未必能找到一个合理的宣泄对象，比如法国劳动阶层指向马克龙政府，英国底层工人将矛头指向欧盟，德国保守主义者则将矛头指向叙利亚危机后涌入的中东移民。由于"信息茧房"的存在，偏执用户生活在自己的世界中，沟通、对话、和解的难度日益艰难。他们只相信自己收到的信息，而认为其他信息都是"假新闻"。张爱军指出，"具有政治意识形态隐私的个人变成了政治意识形态的透明人，意识形态之战由隐性之战变为显性之战。"①

民粹主义被政治投机者看作是可以利用的机会，因此很多政客热衷于利用民粹的狂热以获得权力。政治力量、资本财团、意见领袖、科技公司的共同合力能造就一股民粹主义者行动组织，并以此作为实现自己利益的政治手段。保罗·塔格特说，"民粹主义是间歇性的插曲……在其极盛时，它总会使政治的内容和基调发生结构性变化。"② 结构性变化意味着政治机会的出现，也决定了政治投机者对民粹主义路线的钟爱。以特朗普为例，他采用了一种保守主义、国家主义至上的民粹话语技术，通过推特进行充分表达。特朗普的选举策略可以充分显示出"激进话语—智能推送—极端用户—民粹崛起—选举获胜"的路径。当两位或以上的政客纷纷利用民粹时，社会就会出现不同面目的民粹集团"山头林立"的情况。这些带有强力排他性、情绪性的组织一旦相互对峙，可能引发威胁社会稳定的暴力冲突。

---

① 张爱军、秦小琪：《大数据视阈下的国家政治治理》，《探索》2017 年第 5 期。
② Paul Taggart, "Populism," Open University Press, 2000.

3. 社会运动：民粹主义的现实表现

全球民粹主义思潮高涨的现实投射表现为激进社会运动的兴起与繁盛，这些行动高度组织化并具有明显的破坏性。这种带有民粹主义思潮的社会运动的涌现与智能推送在时间上有着一致性，其中存在着共时性的统一。智能推送技术于2010年左右在美国得以推广，而这一波全球民粹主义浪潮最早可上溯至2009年的"茶党事件"，再加上2011年的"占领华尔街"运动，时间上与智能推送技术高度吻合。随着智能推送技术在全球的普及（发展路线为西方发达国家—准发达国家—发展中国家—欠发达国家），全球多个地方出现带有民粹色彩的社会组织，其中不少直接导致暴力冲突。社会运动风起云涌既有客观原因也有主观原因。客观原因包括：第一，全球化动力衰减，贸易保护主义盛行，社会共识逐渐失去基础；第二，某些政客采用民粹主义叙事风格进行游说动员，煽动社会不满；第三，一些社会问题积重难返，民众对技术型官僚失去耐心，从而寻求快速解决的方法。主观原因为：第一，智能推送导致"信息茧房"，而"信息茧房"又强化了认知的差异；第二，通过媒体的社交功能，多位偏执用户得以组合建群，他们的认知投影到行动，并在行动主义的指引下开始社会运动；第三，"信息偏食"与"信息茧房"导致公共领域减少，并增加社会运动的极化程度。

尽管民粹主义拥有非常多的版本，但是强调平民至上的民粹主义依然是民粹主义系列光谱中最强势、最主流的部分。俞可平认为，民粹主义以中下层大众为诉求对象，坚持反精英的、反体制的社会批判立场。① 这一种民粹主义往往与集体主义、民族主义结合在一起，但有时也会表现为庸俗的自由主义与民主主义，它对民众有着致命的吸引力。因为这种民粹主义的本质是极端强调平民群众的价值和理想，把平民化和大众化作为所有政治运动和政治制度合法性的最终来源；依靠平民大众对社会进行激进改革，并把普通群众当作政治改革的唯一决定性力量；通过强调诸如平民的统一、全民公决、人民的创制权等民粹主义价值，对平民大众从整体上实施有效的控制和操纵。更恶劣的后果是，一些民粹被标榜"代表公众"的政府所利用，成为官方或半官方的意识形态版本。俞可平指出，民粹主义成为执政者"操纵群众的一种特殊的具体方式，是表达其利益的一种手段。也可以把它看作是统治集团组织权力的方式，在工业和城市发展过程中新兴的群众的主要政治表达方式，统治集团进行统治的机制，同时也是威胁这种统治的一种潜在危险"。对于民众而言，一边接受信息带来的愤怒与煎熬，又一边上瘾地消费着这些信息。本杰明·莫菲特和西蒙·托米关注民粹主义的官方版本，并将民粹主义看作是执政者的一种政治风格，更关注"政治美学和表演因素"。② 当执政者试图呼唤民粹主义的时候（打造民粹主义的国家版本），智能推送就会被视为一个有力的推广工具。

（三）网络抗争研究

美国学者斯科特（James C. Scott）在其经典著作《弱者的武器》一书中指出，马来西亚的农民通过日常方式的低姿态消

---

① 俞可平：《现代化进程中的民粹主义》，《战略与管理》1997年第1期。
② ［澳］本杰明·莫菲特、西蒙·托米著，宋阳旨译：《对民粹主义的再思考：政治、媒介化和政治风格》，《国外理论动态》2016年第10期。

耗战进行反抗,"用坚定强韧的努力对抗无法抗拒的不平等"。①折晓叶提出"韧武器"的解释概念,描述在抗争中遇到威胁时运用的一种既柔软又坚实的"武器",包括绕开正面冲突、见缝插针、钻空子、死磨硬缠、事后追索、明给暗藏、出尔反尔、执行不到位等。②董海军则看到"弱者身份"的道义优势,可以公开地、喧闹地、非制度化地以弱者身份进行维权抗争。③ 在网络高速发展之际,网络被认为是抗争者难得的政治机会。黄桂荣则提到弱者善于在网络上打造社会公共景观,同时倾向于采用与媒体接触这类低成本的抗争模式,比如"出事找记者",通过对媒体公开、渲染与动员,从而增加议价筹码。④ 郑雯则通过定性比较分析法的推演,得出在抗争运动中媒介逻辑更强于政治逻辑的结论,即,善于利于媒体的抗争者更容易获得成功,哪怕在他(她)不占有道德优势的情形下。⑤ 近年来,由于媒介(尤其是网络)的高速发展,"被看见""被关注"的机会大幅提升,因此以吸引媒介注意的表演式抗争大幅增多。朱迪斯·巴特勒通过研究女权运动,提出了女性在媒介中集体表演以赢得注视的行为,包括易装、奇服、裸身、行为艺术等方式进行"性别表演",以成为媒介中的景

---

① Scott, J., "Weapons of the Weak: Everyday Forms of Peasant Resistance," New Haven And London: Yale University Press, 1985.
② 折晓叶:《合作与非对抗性抵制——弱者的韧武器》,《社会学研究》2008 年第 3 期。
③ 董海军:《"作为武器的弱者身份":农民维权抗争的底层政治》,《社会》2008 年第 4 期;《依势博弈:基层社会维权行为的新解释框架》,《社会》2010 年第 5 期。
④ 黄荣贵:《互联网与抗争行动:理论模型、中国经验及研究进展》,《社会》2010 年第 2 期。
⑤ 郑雯:《媒介化抗争:变迁、机理与挑战》,华夏出版社 2015 年版。

观。① 刘涛撰写了多篇关于表演式抗争的文章，从多维度分析表演式抗争，包括视觉、身体、情感、仪式等抗争形式，专注于抗争者的另类举动，并提出了"道德语法""视觉刺点""正义愤怒"等重要概念。②

不过，网络抗争的研究普遍集中于策略与机理，虽然提到了情绪动员，但并未强调其民粹主义的本质。即使是在西方学术界广受肯定的社会运动与政治抗争（包括女权运动与黑人平权运动），但其本质上依然存在与民粹主义的秘密接头。在很多时候，社会运动与政治抗争并非民意的结果，它们往往呈现出民粹主义中暴戾、情绪化、非理性的一面。萨帕塔运动导演的公共狂欢中同样存在着对民粹主义的召唤与使用，但这一特点被大多数研究所忽视。

第二节　案例：萨帕塔运动及其分析框架

1994 年 1 月 1 日，蒙面的萨帕塔游击队（大约 2 万人，绝大部分是印第安人）占领了恰帕斯州南部的几座城市，但 3 天后就被随即赶到的墨西哥军队击溃，死伤惨重后逃回森林。在萨帕塔人退回丛林之后，作困兽斗的他们开始转向互联网写作。在 1994 年，刚刚兴起的互联网在国际上是一个新鲜事物，

---

① ［美］朱迪斯·巴特勒著，李均鹏译：《身体之重：论"性别"的话语界限》，上海三联书店 2011 年版。
② 刘涛：《身体抗争：表演式抗争的剧场政治与身体叙事》，《现代传播》2017 年第 1 期。

网络上活跃着数以千万计来自世界各国的网民。萨帕塔人的主题网站一创立，就引起了全世界网友的围观。自1994年至2014年的20年间，萨帕塔运动就成为一个漫长的媒介抗争剧目。放弃武力的萨帕塔人通过一系列的话语生产，用以动员民众情绪、争取政治机会的"网络战""媒体战""话语战"。查尔斯·蒂利（Charles Tilly）认为，萨帕塔运动最终造就了一个"由该运动的参与者、支持者和同情者组成的，层次远远高于恰帕斯丛林的联盟"。[①] 曼纽尔·卡斯特尔（Manuel Castells）也指出，在互联网情境的传播下，萨帕塔运动的抗争模式带有后现代意味，并有可能掀起传播学的革命。在萨帕塔运动中可以看到一个清晰的传播模型，呈现出明显的"主体""载体""受众"三个部分。

一、萨帕塔人的抗争模式

（一）主体：克里斯马型的领袖及土著人军队

萨帕塔运动是一场"话语战争"。而言说的主体，是萨帕塔游击队的发言人，一个戴着面具的、口才极佳的白人，他自称"副司令马科斯"（Subcomandante Marcos）。这个形象在传播的过程中，很快就成为萨帕塔运动的代言人。他的人物形象设定是游击队的副司令、神枪手、诗人、演说家、知识分子、弱势群体的代言人、政府的反对者。这个人物设定是根据流行明星的模板进行的，用意在于博得公众好感。他不仅具备流行明星的众多特点，比如高大、帅气、语言能力出色等，还有极

[①] [美] 查尔斯·蒂利、西德尼·塔罗著，李义中译：《抗争政治》，译林出版社2010年版。

强的个性：神秘感、英雄主义、浪漫主义等。比如，马科斯一直保持着神秘感，蒙面的举动本身就是一个创举：这令媒体与民众纷纷猜测他的真实身份，"他是谁"这一话题持续了3年之久，直到政府在电视中公开其身份，才算告一段落。[1] 在媒体景观的打造上，这个传奇人物的设定为萨帕塔运动增加了话题的可能性。

克里斯马型领导人对于大众有着强大的吸引力。尤其是在有深厚的民粹主义传统、革命英雄辈出的拉丁美洲，人们渴望出现一个类似于格瓦拉、卡斯特罗的英雄，能掀起向政府抗争的同时，也能实现阶级的平等。而副司令马科斯与之前的英雄更不一样的是，他同时在网络上写作，每篇文章都能获得极高的阅读量。这种"一手拿笔、一手拿枪"的姿态，在增添个人魅力的同时，也唤起公众对其的喜爱。不仅赢得了大量的弱势群体粉丝，更有不少女性与青年为其着迷，令他成了亚文化群体中的"抗争偶像"。[2] 在2001年进行的"萨帕塔之旅"中，当副司令马科斯来到墨西哥城的宪政广场演讲时，台下聚集的观众有16万之多。马科斯的演讲被台下的欢呼声与鼓掌声所打断，领袖的出场成了嘉年华的一个高潮环节。[3] 与马科斯"同台演出"的是一群摇滚歌手与地下乐队，这意味着马科斯的演讲变成了大众娱乐的一部分。马科斯当场讽刺政府，获得了在场数万人的强烈共鸣，并促成了嘉年华的集体狂欢。

---

[1] 副司令马科斯的身份，据政府透露是塞巴斯蒂安·纪廉·维森特。他曾是墨西哥国立大学哲学系的讲师，研究方向是符号学。他于20世纪80年代失踪，猜测是加入了萨帕塔游击队。

[2] 戴锦华：《写在前面》，见戴锦华、刘健芝主编：《蒙面骑士——萨帕塔解放军副司令马科斯文集》，上海人民出版社2006年版。

[3] 马立明：《媒介景观的打造与萨帕塔运动》，《新闻与传播研究》2015年第9期。

(二) 载体：抗争话语、符号与剧目

话语既是产品，也是媒介。萨帕塔人生产的内容产品是其抗争的手段，对此副司令马科斯的自我评价是："话语是我们的武器"。多位作家、学者、记者在阅读副司令马科斯的文稿的时候，也被成功动员。英国《卫报》著名记者洛米·克莱恩（Nomi Klein）发表在《卫报》的评论《Ya basta！恰帕斯的面具》（*Ya basta！The masks of Chiapas*）是一部介绍萨帕塔运动的名篇，① 在网络上影响力极大。克莱恩甚至将马科斯在"萨帕塔之旅"上的演讲与马丁·路德·金相提并论。克莱恩明显被马科斯带进了"英雄叙事"的话语圈套中，成为其粉丝，未能客观地对萨帕塔运动做出评价。美国学者尼克·亨克的《副司令马科斯：男人和面具》（*Subcommander Marcos：The Man and the Mask*）以详尽的话语分析、符号分析，肯定了马科斯的诸多创意在抗争中的积极意义，并称马科斯为拉丁美洲"最有影响力的作家之一"。②

在话语策略上，萨帕塔人采用了极其灵活的方式，多种手段综合使用。首先，他们进行了土著人的悲情叙事，这与讲述他们为什么抗争具有逻辑一致性。因为他们中的大部分人本身就是悲苦的土著人。土著人运动在美洲有着巨大的讨论土壤，当它成为一个网络事件出现之际，很容易引起舆论场的共振。多年来被压迫、被边缘的土著人群体在萨帕塔事件中得到了

---

① Naomi Klein, "Ya Basta! The Masks of Chiapas," December 2000, http://www.naomiklein.org/articles/2000/12/ya-basta-masks-chiapas.

② Nick Henck, "Subcommander Marcos: The Man and the Mask," Kessinger Publishing, July 9, 2007.

"再造"。① 其次，他们开始转向抗争叙事的打造，寻求其他抗争者的支援，比如说对于女性主义的言说、对于同性恋者的言说、对于反全球化者的言说等，形成了一个抗争话语体系。副司令马科斯曾说过，萨帕塔人就是世界上边缘的人、对现实世界不满的人，这意味着萨帕塔抗争阵线的扩大——因为萨帕塔人宣战的对象除了墨西哥政府，变成了某种抽象的东西——比如说这个"只有一种颜色的世界"。② 最后，萨帕塔人进一步将抗争神圣化，将它赋予某种时代意义。他们生产了一系列口号，将其与理想主义的使命感结合起来，并将其升华为一种左翼的、带有时代意义的反建制的使命，这与网络上愤怒的民粹主义与青年的理想主义形成合流。如今，萨帕塔运动虽然已经偃旗息鼓，但它在美国、英国、法国等地影响了一代人，余波至今仍在。

　　符号同样是萨帕塔运动中最为关键的部分。由于在传播过程中涉及跨文化、跨语言的问题，因此需要在不同语境中进行表达。萨帕塔人成功地利用了多个符号来表达抗争的意志，比如说将面具作为"后现代革命"的象征就是一个即兴之举，蒙面的萨帕塔人通过面具完成了意义的表达："戴上面具让你看见我"，"隐去名字让你关注我"。这在另一个层面表达了平日土著人被忽视、被矮化，在全球化时代越发边缘化。同时，面具也增加了神秘感，关于副司令马科斯的真实身份，也获得了很大的话题效应。面具就相当于一个视觉上的刺点，成为一道网络世界上宏大的景观。尤其是副司令马科斯的形象，除了面

---

① 韩琦、贺喜:《现代化、全球化与印第安人》,《拉丁美洲研究》2009 年第 3 期。
② 滕威:《为什么是恰帕斯》,《读书》2007 年第 1 期。

具外，也采用了木枪、烟斗、耳机等辅助"装置"来完善自己的形象。① 这个形象的成功意味着萨帕塔运动全球化的实现。而在话语与视觉装置的基础上的剧目表演，则令萨帕塔运动多次引起国际传媒的关注，并保证了曝光率。话题性与趣味性是民粹主义介入的重要前提，当它持续出现在民众视野时，意味着它有能力对民众进行持续的动员。

网络媒体是当时萨帕塔进行内容生产的重要媒介之一。在长达20年的时间里，萨帕塔人坚持更新网页，并利用网络作为传播的阵地。大量萨帕塔相关的文本、图片都通过主页向外发布。尤其是在以下几个阶段——1996年的"彩虹行动"、2001年的"萨帕塔之旅"、2006年的"他者运动"、2014年的"立即行动"——萨帕塔人都成功吸引了民众的关注，不定时地掀起萨帕塔浪潮。与此同时，也有很多支持萨帕塔运动的相关文本，由左翼的报人、作家所写，并发表在传统媒体上，这些文章都成了萨帕塔"话语子弹"的一部分。② 关于萨帕塔运动的图书也大量出版，并被翻译成30多种语言，在全世界广泛传播。

（三）受众：草根民众与西方激进青年

民粹主义在拉丁美洲的政治光谱中一直是高维呈现。拉美国家不仅有形形色色的民粹主义组织和民粹主义的政党，而且许多国家的元首和政党领袖本身就是极有魅力的民粹主义者——从20世纪上半叶的瓦加斯、庇隆、阿连德到20世纪90年代的梅内姆、科洛尔、藤森，再到目前的库奇纳、莫拉莱

---

① 戴锦华：《写在前面》，载戴锦华、刘健芝主编，戴锦华译：《蒙面骑士——萨帕塔解放军副司令马科斯文集》，上海人民出版社2006年版。
② 林红：《论现代化进程中的拉美民粹主义》，《学术论坛》2007年第1期。

斯、卢拉、查韦斯，民粹主义始终被国家当权者所运用、操纵，而且成为"拉美经济政策和政治制度转变的驱动力量"。但是，从另一个角度而言，民粹主义同样是一种破坏力量。尤其是政府的施政纲领（不管是保守的还是激进的），往往遭到民众的集体反对。墨西哥前总统动埃内斯托·塞迪略（Ernesto Zedillo）说过，"不论是权威主义的还是民主主义的，不论是右翼的还是左倾的，民粹主义在近一个世纪以来一直是拉美政治中最具渗透力的政治意识形态。"①

由于墨西哥政府倾向于美国的新自由主义策略，即鼓吹私有化、市场化的自由竞争的市场经济模式，而造成在20年内急速的两极分化，出现了大量社会不公现象。尤其是1994年北美自由贸易协定的推行，更是让墨西哥平民阶层十分不满，社会各界充满情绪。同时，墨西哥执政党革命制度党由于长期执政、腐败严重，多次传出惊悚的政治丑闻，导致民众对政府相当不满，因此反精英、反权贵的情绪高涨。由于萨帕塔人的草根属性与国内的民粹主义天然对接，尤其是大量的情绪动员，令国内形成声援萨帕塔人的社会运动浪潮。占全国人数10%的土著人阶层成为萨帕塔运动的中坚力量，而广大草根（尤其是工人阶层）也直接参与了支援。值得一提的是，很多知识分子，包括报人群体与教会人士，都参与了萨帕塔运动的网络抗争。②

---

① 周凡："国外民粹主义研究前沿"，中国社会科学网，http://www.cssn.cn/zhx/zx_zrzl/201503/t20150320_1555359.shtml，2015-03-06。

② Greebon D., "Civil Society's Challenge to the State: A case study of the Zapatistas and their Global Significance," Journal of Development and Social Transformation, Vol. 5, November 2008.

萨帕塔运动影响了一大批西方的左翼青年。青年群体的特点是精力充沛、思想单纯、有理想主义憧憬、行动力强，同时也涉世未深，容易情绪化。大量青年运动有可能与民粹主义暗中相连，缺乏社会经验的青少年很容易被激进思潮所俘虏，并成为民粹主义的践行者。"抗争叙事""英雄偶像""爱国主义"等关键词，具备了青年流行文化的全部要素。因此青年成为了萨帕塔运动的主要受众。萨帕塔人很成功地创造了一种"虚拟的正义感"，让加入运动的受众获得了某种理想主义的满足。最后，萨帕塔人实现了框架外延，将该运动成功地与亚文化合流，形成一种全球性的运动合流。

二、网络抗争与民粹主义的秘密接头

网络抗争的逻辑，往往体现为一种情绪动员的动力学框架。抗争者通过一系列表演呈现道德语法，令集体情绪达到一定临界点，并实现同仇敌忾的效果。抗争者有可能基于针对不同的意识形态生产出不同的内容产品，这种生产方式同样遵循一定的道德语法，即使用特定的话语与修辞。这种生产本质上是对民粹主义的呼唤，配合社会情绪激发集体行动，以形成巨大的抗争浪潮。萨帕塔运动也实现了与民粹主义的秘密接头。由于拉美社会在20世纪90年代末的"集体左转"，令主张社会平等正义的左翼思潮显著增加。由于法制不完善、分配不公平等原因，墨西哥社会中存在一种强烈的社会不满情绪，体现为左翼民粹主义。被逼入丛林的萨帕塔人意识到这种蔓延在民间的激进思潮，并尝试加以利用。萨帕塔人关于印第安人的悲情叙事以及对新自由主义的愤怒批判，不仅找到了左翼民粹主义的入口，并成功对其进行动员。左翼话语强调公平、强调正义，并带有一定的抗争性，其口号淳朴而带有天然的正义性，因此很容易获得弱势群体的认可，天然就站在民粹主义的入口处。政治抗争中的话语策略，是一个大众传播的过程，接受者是广大民众。这就意味着萨帕塔人采取的话语模式，不是精英的、理性的，而是大众的、感性的。[①]

（一）使用情绪性叙事策略

萨帕塔运动的抗争模式采取明显的情感抗争策略。愤怒、悲情、不满、恐惧等极端的情绪都可以被用于政治抗争的情感动员，尤其是让思辨能力不足的群体产生共鸣。民粹运动往往是集体行动，情绪在其中扮演着重要角色。根据大众心理的分析，集体行动往往带有盲目性，个人一旦融入群体，他的个性便会被湮没，群体的思想便会占据绝对的统治地位，而与此同时，群体的行为也会表现出排斥异议，极端化、情绪化及反智化等特点，进而对社会产生破坏性的影响。[②] 情绪的使用是话语策略中非常有效的一环。当公众进入互联网舆论场中，很容易被群体思维所带动，从而形成特定的价值取向。抗争话语往往带有道德语法，往往会划分出"我方"与"对方"，形成对立的二元架构。在这种架构下，抗争剧目就可以进行，民粹主义的底色越是浓烈，公众就越容易被剧目所带动，直接进入角色。因此，"共情"被认为是内容获得有效传播的关键，民粹

---

① 李良荣、徐晓东：《互联网与民粹主义流行——新传播革命系列研究之三》，《现代传播》2012年第5期。
② [法]古斯塔夫·勒庞著，宇琦译：《乌合之众》，湖南文艺出版社2011年版。

主义往往会借助情绪的作用而展开演讲,让大量乌合之众进场。[1]

在萨帕塔的案例里,萨帕塔人重点利用了悲情与不满的讲述方式,以此来赢得网络民意的支持与同情。首先,本来处于弱势地位的拉美土著人群体找到了他们的利益代言人,从而成为萨帕塔运动的坚定支持者。土著人分布在美洲大陆多个国家,因此,萨帕塔运动不仅仅在墨西哥获得广泛的关注,更在其他土著人分布密集的国家——比如玻利维亚、洪都拉斯、厄瓜多尔、危地马拉等,形成了跨国运动。其次,萨帕塔人的反全球化主张得到了很多平民阶层的拥护,并与社会上的左翼思潮合流,变为激进的左翼民粹主义。这种反对的声浪从最底层的土著人出发,一直蔓延到广大平民。最后,大量西方青年大学生被副司令马科斯的讲述而吸引,对萨帕塔人及少数族裔产生了巨大的同情。萨帕塔人的抗争策略带有明显的情感进路,并依照一系列的话语与剧目,完成了对公众的动员。

同样,纵观今日的很多左翼运动,比如说女权运动、环保运动、少数族裔运动等,都是通过展现悲情叙事的方式来吸引关注,他们展现一个"窘迫的画面"以加大对现实的批判力度——比如被污染的土地、被残害的动物、被虐待的女性等。被悲情叙事操纵的网民,因为他们过于天真,容易受到悲情叙事的感染,很少去理会这种故事的真伪,而直接投入行动。在"彩虹行动"中,萨帕塔人公布大量"被袭击的照片",很多网民以为在当地爆发了大屠杀,义愤填膺,甚至发起了"网络

---

[1] 李良荣、徐晓东:《互联网与民粹主义流行——新传播革命系列研究之三》,《现代传播》2012 年第 5 期。

静坐"。可是,那些照片很多都是假的。①

(二)讲述"新故事"与未来预期

在煽动情绪的同时,需要打造相应的意识形态作为理论支持。在完成批判使命之后,更需要讲述自己的理念与斗争目标。在萨帕塔运动中,副司令马科斯曾经强调要建设一个"不同的世界",但他仅仅用了"可能性"这个词(他表示,一个不同于资本主义的世界是有可能的)。②在网络世界中,这种观念的缔造带有"标靶"的意义,他树立了斗争的目标,并激起青年们的斗争想象。这是萨帕塔运动形成的前提条件。观念即是一个有蛊惑力的"好故事",最好能融入当下的热门词汇与理念。萨帕塔运动融合了欧美平权运动中的左翼意识形态,并与反新自由主义这样的时代背景相结合,因此令其观念具备了生命力与传播力。

澳大利亚学者达纽拉·迪皮拉莫(Daniela Di Piramo)提出,"带有民粹主义色彩的克里斯马型领导人是迷人的、有魅力的、令人兴奋的",③但是"反对新自由主义与全球化无疑是很不妥的,这只会让拉丁美洲陷入更深的贫困"。④她指出,萨帕塔运动的本质是一次民粹主义浪潮,它结合了民众对全球化、对新自由主义、对革命制度党的不满。但是她提出的"另

---

① 20世纪90年代中期,墨西哥政府曾发起"彩虹行动",试图以武装手段消灭萨帕塔人,但没有成功。后来萨帕塔人在网络上控诉政府的行为,并发布了多张血腥照片,让国际舆论以为政府大开杀戒。那段时间在多个国家爆发了支援萨帕塔、抗议墨西哥政府的示威。

② 萨帕塔运动的口号之一是:"另一个世界是可能的"。

③ Daniela di Piramo, "'Speak for me!': How populist leaders defy democracy in Latin America," Global Change, Peace & Security, Vol. 21, Issue 2, 2009.

④ Daniela di Piramo "'Speak for me!': How populist leaders defy democracy in Latin America," Global Change, Peace & Security, Vol. 21, Issue 2, 2009.

一个世界"的内涵，其实是某种复古主义，倒退回印第安传统的部落社会。在2014年萨帕塔运动20周年时，多位前来拜访的学者失望地看到获得自治权利的萨帕塔村落仍旧残破不堪。

在互联网情境下，带有强烈情感诉求的抗争话语能获得网民的传播与关注，与此同时，也意味着这是建设自己的理论体系的最好时机。因此，描述一个"可能的现实"对于广大受众有着重要意义，也有利于该运动的进一步实施与扩大。很多民粹运动的领导人都喜欢说"漂亮话"，这意味着要对受众进行更多的承诺，进而获得更多的支持。但是由于民粹主义的观念是"将来时"，属于未能变现的乌托邦，因此带有高度的不确定性。[1] 就连讲述者本人也不能确定自己的理论，因此往往采用暧昧的话语来应付。但民粹的热情被激起以后，就连乌托邦也被赋予了不容置疑的社会共识。

抗争者热衷于建构新的叙事体系，并以其作为抗争的起点。新故事的描述本质上属于抗争文本中的重要组成部分，它可以与民粹话语进行对接，与"大众的梦想"相吻合。比如1999年上台的委内瑞拉总统查韦斯，当时就以"穷人的总统"自居，号召反美、反新自由主义，以建设"21世纪社会主义"为目标。这种新故事勾起了民众的极大兴趣，并成为他上台的民意基础所在。

（三）"抗争正义"与直接参与的诱惑

在社会运动中，抗争者会为民众灌输一种理论，即"抗争正义"，并将抗争与社会公义结合起来，认为这才是爱国、对

---

[1] Daniela di Piramo "'Speak for me!': How populist leaders defy democracy in Latin America," Global Change, Peace & Security, Vol. 21, Issue 2, 2009.

社会负责的表现。抗争在一系列话语修辞之中被赋予了崇高意义，并将这种抗争与"革命""圣战""保卫民主"等使命性概念建立关联。这种"抗争正义"天然将抗争者置于道德制高点，并将抗争对象形容为"恶政""独裁者"等。这种话语策略能让民众的情绪转化为集体行动，也可以引爆社会中的民粹主义浪潮。集体行动中可能出现大量计划外的非理性操作，从而引发一系列暴力行为。另外，抗争者也赋予运动一定的美学意义。抗争本身带有一定的戏剧性，它天然具备浪漫色彩，并打造"革命话语"来吸引青年人的加入。应该说，"颠覆的快感"与"革命的想象"都是人性的一部分，也是平民对日常生活的一种叛逆心理。作为在现实生活中平凡的普通人，很可能对现实有不满情绪，本身带有反建制、反精英的倾向。这种不满与革命话语结合后，容易导致一种"抗争正义"的精神幻觉。他们认为革命有助于拯救他们平庸的生活。一个案例是，当下的"伊斯兰国"极端思想在欧洲"穆二代"中的传播，也是激活了这些青年的革命想象，让他们放弃在西方社会中的和平生活，加入"伊斯兰国"的"伟大圣战"中。

民粹主义的一个特点是获得"直接参与"的通道，激情的动员可以转化为"街头政治"式的集体行动。网络的发展能让公众在网络中迅速找到虚拟入口，加入公共讨论之中。在今日互联网情境下的多款应用程序，从最早的ICQ与门户网站，到今天的各类社交软件，包括推特、脸书，以及中国的微博、微信等，都具有极高的参与度。每个人都可以自由进入公共空间进行讨论。这种直接参与可以极大地激发民众对公共事件的参与热情，并激起全民的政治参与兴趣，从而造就了与网络行动主义结合的"网络民粹主义"。

在萨帕塔运动中，副司令马科斯以面具作为桥梁，告诉每个参与者"戴上面具，你就是我"，并以一系列符号、装置、剧目开启了这场运动。按照他的解释，抗争者长期处于被忽视的状态下，只有戴上面具，成为萨帕塔人，才有可能被看到、被听到。因此，"蒙面是为了被看到"成为面具运动的最佳注脚，也成为这一代抗争者的行为艺术。

民粹浪潮的一个体现是政治氛围浓厚，但讨论水平总体不高。以特朗普的推特为例，有1800万人关注了特朗普的推特，在他每一条言论之下，总有1万条以上留言，虽然反响热烈，但基本上是众声喧嚣、词不达意。抖机灵、编段子、放表情包的，往往获得点赞最多；而有质量、有逻辑的评论则不多见，互联网时代在某种意义上释放了全民政治参与的热情，让民众有了更直接的参与渠道。互联网的普及确实让参与的门槛降低了。哪怕是代议制的西方民主，也不能满足大众直接参与民主的冲动。但一个担忧是：一旦出现这种局面，就意味着权力的失控。"群体就意味着约束的解除，因为数量就是正义，群体对此看法是没有任何质疑的。"[①] 民粹主义的特点就是展现出从众心理，被现场气氛所感染，从而让自己的理性思维大幅降低。在萨帕塔运动中，也能看到民粹主义中激进甚至愚昧的一面：比如一个荷兰女生支持萨帕塔运动，但不知道恰帕斯在墨西哥；一个美国男生在网络上打出"打倒帝国主义"的口号，他不知道这个帝国主义指代的是美国。

---

① ［法］古斯塔夫·勒庞著，宇琦译：《乌合之众》，湖南文艺出版社2011年版。

三、结论和讨论

从正面的角度去看，萨帕塔运动是获得了民意的支持，推动了墨西哥民主化的进展，有一定的进步色彩；但从负面的角度去看，这又有显著的民粹一面，运动中存在着精致而狡诈的话语策略。即使是土著人的悲情故事，也在修辞话术的装扮下，变成动员的有效武器。情绪化、具有行动能力的大众成为抗争者与抗争对象博弈的筹码。因此，很多研究在正面评价政治抗争的时候，并没有注意到民粹主义在其中起到的破坏性因素。

致力于话语生产的互联网抗争，本质是发动民粹主义攻势。只有形成巨大的舆论力量，抗争才能收到效果。与民粹主义暗中接头，并实现在公众中的大范围传播，才是网络事件发展成网络景观的关键。从萨帕塔运动的案例可以看出，它发动了世界性的抗争浪潮，并赋予其革命想象、彼岸理想、抗争目标及政治热情。这种抗争具有很大的表演性，它是通过一系列表演来唤起广大公众的参与热情，也就是唤醒潜藏在不同意识形态中的民粹主义——在2000年的拉丁美洲是左翼民粹主义，而在2016年的西方社会则是保守右翼的民粹主义。这种力量将成为抗争者或政客足以倚仗的强大武器。当政治抗争运动被大多数人推着往前走时，它必将在传播的过程中变得激进、极端，具有排他性，这些特征经常被民粹主义用来打击异己，成为政治场域中充满破坏性的力量。

与此同时，基于互联网逻辑的媒介产品天然有利于民粹主义的传播，它是放大器、是扩音器，可以让极端、激进、骇人听闻的声音在网上流通，这为网络狂欢创造了基础，也让民粹主义从容进入，穿梭于种种网络热点之中。[①] 比如说，环保主义本来是有益的事业，但在民粹主义的加持下，在网络中演变为一些变种的"极端环保组织"，比如绝对地禁止他人砍树、禁止修水坝，甚至禁止他人食用动物等，它从一种温和的倡导变成某种生态极端主义。[②]

目前，在世界各地泛滥的民粹主义，本质上是因经济衰退而产生相对剥夺感的民众被各种话术召唤而起，在社交网络上不断沉淀发酵，形成左冲右突的力量。这类政治抗争，不管为其冠上何等动听的政治修辞，本质上依然是幽暗的民粹主义。换句话说，抗争正义与革命美学，在逻辑上都是站不住脚的。

[①] 陈龙：《Web 2.0 时代"草根传播"的民粹主义倾向》，《国际新闻界》2009 年第 8 期。

[②] 李慧翔："绿色和平，走向'生态恐怖主义'？"，南方周末网站，http：//www.infzm.com/content/80814? dooc，2012 - 09 - 13。

第五章

大众传播与国际战争

　　国际战争是对国际关系影响最为直接和最重大的事件，因而也往往是国际传媒最关注的热点。探讨大众传播与国际关系的相互影响时，不可能不涉及大众传播与国际战争之间的关系。作为人类社会独有的一种社会现象，从特征上看，战争是一种集体性、有组织的大规模暴力冲突行为。从本质上看，战争是为了某种目的而使用暴力，通常是政治或者经济利益，但人类不仅因为利益发生战争，还会因为信仰、荣誉等其他原因发生战争。人类以外的动物即使发生打斗，也是因为弱肉强食或是争夺食物或配偶，无关经济、政治、信仰和荣誉，因此战争是人类社会独有的现象。

　　战争与和平始终是国际关系的两个基本主题，不了解战争，我们无法厘清国际关系的发展脉络，也无法理解国际关系的现状。自古以来，战争就是人类历史的重要内容。自从国家这个人类社会的高级组织形式产生以来，战争就是国家之间的常态，几千年来的人类历史中充斥着难以计数的规模不等的战争，这些战争或是改变了一些国家和文明的命运，或是改变了历史的发展进程。近代以来，国际关系史中最为关键的一些事件都与战争相关，如布匿战争、百年战争、三十年战争、拿破仑战争、美国独立战争、鸦片战争、甲午战争、第一次世界大战、抗日战争、第二次世界大战、冷战、伊拉克战争、科索沃战争、反恐战争等。尤其是在20世纪，人类社会爆发了两次前所未有的世界大战，并且发明了足以毁灭人类自身的大规模杀伤性武器，却也带来了二战以后相当长一段时期的大国无战争的"长和平"。正因为此，历史学家艾瑞克·霍布斯鲍姆才说，离开战争，我们无法理解这个世纪。[1]

第一节 大众传播与战争之间的关系

战争是国际关系的一项重要内容，国际关系舞台上不断上演着一幕幕的战争剧目。研究大众传播与国际关系，必然离不开分析大众传播与战争之间的关系。传统政治学的观点认为，战争是一种流血的政治，普鲁士军事思想家克劳塞维茨将战争视为政治以另一种方式的继续，是政治关系最暴力的表现方式。政治规定着战争的性质，影响着战争力量的来源和士气，同时也对战争的前途和结局有着决定性的影响。在所有历史时代的战争中，作战部队及其支持者的精神力量总是起着积极的作用。交战国家总是以各种方式对其作战部队的意识施加巨大的影响，以便动员他们积极参战。许多政治家和军事家都格外重视宣传的力量。例如法国政治家、军事家拿破仑·波拿巴虽

---

[1] 王晓顺：《传媒与战争：难以割舍的牵连》，《国际先驱导报》2003年4月18日。

是军人出身,却高度重视宣传的作用,他对报纸刊登的内容和评论有严格的要求,在用严格的舆论封锁反对派的同时,还充分利用报纸所具有的强大舆论引导力量,为自己进行宣传工作。"在拿破仑看来,报纸相当于一支三十万人的军队;一支三十万人的军队在安邦定国、对外威慑方面所起的作用,还比不上半打受雇的蹩脚的记者。"①

中国共产党、中国人民解放军、中华人民共和国的主要缔造者毛泽东尤其重视宣传工作对军事工作的重要性,他认为笔杆子和枪杆子一样重要。1936年12月,毛泽东在《临江仙·给丁玲同志》一词中写道:"纤笔一枝谁与似?三千毛瑟精兵。"1939年12月9日,毛泽东在延安各界纪念一二·九运动四周年大会上提到:"如果知识分子跟八路军、新四军、游击队结合起来,就是说,笔杆子跟枪杆子结合起来,那么,事情就好办了。"② 这里所说的笔杆子虽然不能完全等同于大众传播,但是在很大程度上,以笔杆子代指的思想宣传工作是需要通过大众传播的渠道来完成的。

通过对世界军事历史的梳理,不难发现:政治与思想意识形态施加于战争的影响一般是通过"传播"这一与人类战争同样久远和古老的手段来实现的。纵观历史长河,战争与信息传播一直如影随行,二者有着较为密切的关系。虽然没有确切的证据证明在人类历史中战争与大众传播同时出现。但在人类历史上,大众传播萌发的主要动力和迅速发展的重要职能就是为了组织劳动和战争等集体活动。在古代,无论是原始时期的部

---

① [法]彼·阿尔贝、弗·泰鲁著,许崇山译:《世界新闻简史》,中华书局1981年版。
② 史尚静:《拿破仑"毛瑟枪"言论考》,《青年记者》2011年第27期。

落还是后来的国家,为了保证自己的安全或攻打其他国家协调指挥自己的军事行动,都离不开对大众传播的借助和依赖。中国西周利簋[①]铭文载33字"武王征商,唯甲子朝,岁鼎,克昏夙有商,辛未,王在阑师,赐有事利金,用作檀公宝尊彝。"这一段铭文记录了一次重大的历史事件,即周武王伐商纣王的"牧野大战"。作为祭祀器具,利簋铭文在某种意义上可被视为早期的战争报道。中国古代在通信技术极端落后的情况下,传递战争消息的方法之一是建造烽火台,当发现敌国进攻时,驻守在烽火台的哨兵就"昼则燃烟,夜则举火",以烽火来传递战争信号,但是烽火台能够传递的信息过于简单且信息承载量很有限,它只能代表"有敌人"这个信息。其他诸如敌人的武器装备情况、敌人的人数、配有多少骑兵和有多少辎重、携带了多少粮草等是无法传达的。并且这个方法还受到天气条件的限制。如果遇到暴雨等极端天气,烽火是燃不起来的。尽管有很大的局限性,烽火仍然是古代传递战争信息速度最快的方法之一。第二种传递战争消息的方式是靠人力来传递。这种传递方式是靠设立驿站来一程程的将消息传递到远方。中国是世界上最早建立用于信息传递组织的国家之一。驿站的实际应用不止在军事上,古代地方官员交给皇帝的奏折也是靠这个方法来传递的。用来传递军事情报的叫"站",而用来传递政治信息的是"驿"和"铺"。当遇到重大的军情时,信使全程以换马不换人的方式将军事信息或者军事命令在朝廷与地方军事指挥官之间传递。事实上,在通信传播技术不发达的过去,也只有

---

① 利簋,又名"武王征商簋""周代天灭簋"或"檀公簋",系西周早期青铜器,1976年出土于陕西临潼县零口镇,现收藏于中国国家博物馆。

军情万急的战争才配得上当时最快速的传播方式。这些都是传播与战争相联系的例子。

到了近代，随着无线电技术的发明，广播成为最重要的大众传播方式。第二次世界大战期间，纳粹德国以39种语言对外广播，为其侵略扩张造势和辩护。抵抗德国法西斯的英国也是利用广播这种当时最普及和最有时效性的信息渠道来宣传抵抗，鼓舞英国军人和平民的士气。包括英国国王和首相丘吉尔在内的政治家都是发表广播讲话的高手。2012年的奥斯卡获奖影片《国王的演讲》描写了英王乔治六世克服了口吃的障碍，成为一个能够鼓舞国民士气的君主。在第二次世界大战爆发两天后，乔治六世向英国人民发表了对纳粹德国宣战的演说，其声音铿锵有力，鼓舞了全国军民。这个真实的故事从一个侧面反映了大众传播对战争的影响。20世纪80年代以来，随着电视在全球的普及，大众传媒进入到电视时代，电视成为20世纪后期最具影响力的大众传播媒介。1991年爆发的海湾战争是冷战结束后的第一场大规模局部战争。在此次战争中，美国有线电视新闻网对海湾战争进行了全程电视直播，开创了世界战争史上对战况进行即时报道的先例，电视成为世界各国了解海湾战争战况的主要信息来源，海湾战争也因此被称为电视直播战争。21世纪以来，互联网迅速成为新兴媒体。以网络为依托出现了黑客战争、网络宣传战、舆论战等，网络的普及使民众能够更直接地介入战争成为可能。从古代的烽火台到21世纪的互联网，传媒的形态发生了翻天覆地的变化，传媒也从原来战争的观察者和记录者逐步发展为今日战争的参与者、协助者甚至是主要战场。

第二节　大众传播与战争中的舆论引导

在战争时期，出于国家安全的诉求和赢得战争胜利的需要，政府将加强对新闻媒体的管控，引导新闻媒体对内引导国内民众支持政府，对外争取国际支持的工具。美国学者哈罗德·拉斯韦尔的《世界大战中的宣传技巧》一书，该书对宣传中的组织问题、宣传信息所用的符号、战争时期所用的宣传技巧等做了深入的分析。拉斯韦尔将对外宣传与军事压力、经济压力并列作为对抗敌人的三大工具。[①]

战争胜利的重要保障是保密。是否发动战争是保密的，战争的时间和地点是保密的，更不用说战争的具体部署。中国古人很早就认识到作战保密对取得战争胜利的重要性。《淮南子·兵略训》中就有"善用兵者，上隐之天，下隐之地，中隐之人。隐之天者，无不制也"的记载。中国人民解放军历来重视作战保密，在第二次国内革命战争时期，中国共产党中央军事委员会在《关于严密组织与保守秘密的几点补充指示》中就提出："军机秘密自有战争以来即被重视，至近代战争以物质的进步，战争工具日益科学化，侦察手段亦愈趋于扩大与精密。因此，讲秘密已成为争取胜利、保障作战计划的完满实现的重要前提……在信息化战争中，战争的突然性、复杂性使保密工作难度加大，各种高新技术的广泛应用使战场的透明度增

[①] 刘肖、董子铭：《媒体的权利和权力的媒体：西方媒体在国际政治中的角色与作用》，中国社会科学出版社2017年版。

加，错综复杂的国际形势使战争中的泄密渠道增多，窃密与反窃密、侦察与反侦察斗争更趋激烈。因此，采取各种有效措施，阻止敌方获取情报信息，保证作战企图、作战计划、作战部署、作战支援系统、作战指挥自动化网络和作战环境等的安全是战争胜利的基本保障。"[1] 世界其他国家和军队也非常重视作战保密工作。克劳塞维茨在《战争论》中指出，应该设法对敌人隐瞒自己真正的兵力和军队真正的动向，也同样应该力求对敌人隐瞒自己想从地形方面取得的利益。[2] 美军参谋长联席会议颁发的《联合作战指挥与控制战条令》将作战保密作为美军指挥控制战的重要手段。"9·11"事件后，美国发动对阿富汗的军事打击，美国五角大楼官员一再强调作战计划保密的重要性，采取了多种措施，以防止军事行动泄露。美军认为"限制敌方获取己方信息与获取敌方信息同等重要"，把作战保密作为"指挥控制战"的五大支柱之一，投入极大力量落实在行动中。

与战争的胜利强调保密相反，新闻报道成功的诀窍则是及时和透明公开。作战双方最高级的军事秘密，往往是战地记者们追逐的最有价值的新闻。从"保密和公开"相对立的意义上说，战争与大众传播就像水跟火一样，是两种格格不入的东西。丘吉尔在担任英国海军大臣的时候就曾用"在起航的军舰上没有记者的空间"这样的话来拒绝战地记者的采访。但战争却无法摆脱传媒的追逐，政治家和军事指挥者也无法舍弃对传媒功能的利用，因此这对"生死冤家"依然如胶似漆、如影随

---

[1] 参见中国军事百科全书编审室：《中国大百科全书·军事》，中国大百科出版社2007年版。

[2] 参见［德］克劳塞维茨：《战争论》，商务印书馆1997年版。

形。当英国对纳粹德国的绥靖政策失败、丘吉尔临危受命担任战时首相后，他一改对媒体的偏见态度，积极地利用大众传播工具来鼓舞和凝聚英国民众抵抗法西斯德国，成为利用大众传播渠道宣扬政治理念和政策主张的高手，丘吉尔的这一转变表明宣传在战争中的地位和作用被重视起来。

今天，在炮火隆隆的战场上总是有战地记者的身影穿梭其间，人们坐在家中通过大众传媒直接近距离的"观摩"战争。呼啸而过的炮弹，战争中流离失所者失望无助的眼神，断壁残垣的战场，血肉模糊的尸体，还有军事问题专家夜以继日的评论分析，不断滚动播出的前线消息，通过电视、报纸、网络如潮水般汹涌而至。观看一场遥远战争的直播就好像在打电子战争游戏。战争的许多环节都在人们的注视中完成。电视直播让战争变得透明或半透明。但传媒是一把双刃剑，记者手中的镜头和笔尖所到之处能直接引导民众对这场战争的了解，但同时，战争的鲜血和恐怖又可能产生另一种作用，那就是对战争的厌恶，以及对政府决策的怀疑。这种作用在美国越南战争中被发挥至极。直到今天，美国部分民众还认为，电视和报纸这些传媒是导致美国越战失败的"罪魁"，它们让美国观众坚定不移地反对美国在东南亚的军事行动，因为传媒运用对事实的"生动而持续不断的歪曲"，宣扬消极悲观理论，通过对美国年轻伤亡人员及其对越南人民施加暴行的毫无保留的描述，让美军将胜利拱手让出。因此，越战也被称为"起居室之战"和"电视之战"。越战的教训使美国加强了之后战争中对战地记者报道的严格审查，这个时候的新闻已经超越了文字本身而发展成为战争的延伸。此时的战地记者们也开始面临职业道德的拷问，一方面要遵守政治的舆论导向，另一方面要遵从新闻的真实性原则，而更多的人选择了前者。这种情况导致的直接结果是人们对战争中传媒公信力的怀疑。参加过1982年英阿马岛之战报道的英国记者马科斯·黑斯廷斯坦言："没有哪个英国记者在自己的国家处于战时还能保持中立。"加利福尼亚大学圣迭戈分校政治学教授丹尼尔·哈林的话更是一语中的："如果我们认为我们从这些人那里得到的消息都是真实的，那么，我们就未免太天真了。"①

　　正是传媒与战争这种难以割舍的联系使得二者逐渐进入国际关系研究者的视野，例如英国人苏珊·卡拉瑟斯所著的《西方传媒与战争》对媒介、媒介运作过程进行了研究，特别是运用了媒介战时行为理论，突出了战争时大众传媒和政治精英、军方及观众、读者和听众之间关系的互动。但对于传媒以何种身份介入战争以及战争传媒公信力等问题仍缺乏鞭辟入里的分析，或语焉不详，或干脆付之阙如。还有一些研究特定冲突下媒体运作的著作，战时显著的特点被翻来覆去地研究。这些特点包括：军方和政府的新闻审查；其他方式的干预，如禁止进入战争区域，禁止携带特定的通信器材；为新闻发布和"宣传"而设立的"新闻控制系统"；记者进退两难的困境，一方面要秉承媒体"忠诚客观"、尊重公众的知情比较权，另一方面又要遵守军方的保密要求。

　　尽管新闻媒体在战争时往往陷入两难境地，但是越战以后，西方媒体基本上倾向于配合政府，从某种程度上，政府控制和利用了大众传播来服务于战争需要。无论是英国政府发动对阿根廷的马岛战争，还是美国"9·11"后发动的阿富汗战

---

① 王晓顺：《传媒与战争：难以割舍的牵连》，《国际先驱导报》2003年4月18日。

争、伊拉克战争，西方国家的新闻传播机构基本上配合了政府的外交和战争政策。当然，在战争时期，参战各国的媒体都无一例外被卷入为本国进行辩护并支持本国战争政策的立场上，区别只在于谁的声音"更大"而已。

以2003年的美伊之战为例，伊拉克战争既是一场大规模的现代化军事战争，也伴随着一场激烈的媒体战。战争的发动者美国方面极力封锁和垄断战况报道，只允许美国有线电视新闻网的记者跟随美国的坦克和步兵战车到达最前线，因此美国有线电视新闻网垄断了伊拉克战争的最新消息，其他国家的媒体只能被动地接受美军提供的战事新闻。但是伊拉克在舆论方面也不是完全被动挨打，伊拉克新闻部长萨哈夫在与美国的"新闻战"中大出风头。自战争爆发后，这位伊拉克新闻部长几乎坚持每天向记者们举行新闻简报会，发布了很多迷惑性的消息。在新闻简报会上，萨哈夫总是身穿橄榄绿军服、头戴贝雷帽、在麦克风前对着记者们滔滔不绝。他运用浅显的表达方式以及词汇丰富的语言，斥责美国是"流氓强权"。萨哈夫不断地宣称美军受到了伊拉克军队的痛击。就在巴格达的战火硝烟不断的时候，萨哈夫还向记者们表示道歉，他对记者们说："也许，爆炸声打扰了你们。你们是伊拉克的贵宾和朋友，但伊拉克必须对付这些外国来的恶棍。"萨哈夫还向记者们保证说："伊拉克首都巴格达是坚强的，防卫森严而且是安全的。"萨哈夫通过不断的讲话试图让伊拉克民众相信，伊拉克领导层仍然掌握一切。萨哈夫最后一次举行新闻记者会时，美军的坦克就在几百米之外，耳边不时传来枪炮声，但萨哈夫看起来非常镇静，他想传达的信息只有一个，那就是巴格达仍然是安全的，萨达姆政权依然掌握着局势。萨哈夫甚至对记者们说：

"昨晚的搏杀将给华盛顿和伦敦的战争犯们一个教训。这些坏蛋正在巴格达门口犯罪。到目前为止，战斗非常激烈，真主将保佑他的子民取得胜利。"①

在国际关系中，当弱势与强势相碰撞，潜在的表演方式是强者擅长把对手抓起像扔小鸡一样扔出去。弱小者习惯了用唯诺、卑躬来保存自己。虽然与美国强大的舆论引导力相比，伊拉克在世界上几乎没有什么话语权，但是在这场一边倒的战争中，只有萨哈夫领导的伊拉克新闻宣传部门抵抗到了最后。是萨哈夫改变了对抗的规则，他用自己发明的"语言导弹"毫不留情地砸向美国。伊拉克大众传播机构负责人在此次战争中只身一人，与美国强大的新闻舆论抢尽风头。② 伊拉克战争结束后有人调侃道：世界上最不可信的就是萨哈夫的大话，但在当时，萨哈夫的新闻发布会确实起到了迷惑世人，抵挡美国有线电视新闻网和英国广播公司压倒性新闻报道对伊拉克军民抵抗意志的瓦解，暂时稳定巴格达政权的效果。由于人们对新闻渠道来源多元性的追求，很多人在看完美国有线电视新闻网的报道后，非常期待看到萨哈夫的记者招待会。

围绕伊拉克战争的真相和话语争夺战表明围绕新闻传播权的争夺已成为事实。所谓媒体战，是指敌对双方在信息领域里的对抗和争夺，通过掌握信息的生产、传递、处理的主动权，破坏敌方信息舆论，为打赢战争创造有利条件。传播学家麦克卢汉说，"媒介即信息"，但媒体战不是广义的信息战，而是一

---

① "人物写真：伊拉克新闻部长萨哈夫其人其事"，新浪网，https：//news.sina.com.cn/w/2003-04-12/2017992749.shtml，2003-04-12。

② "萨哈夫：一张嘴的战争"，新浪网，http：//news.sina.com.cn/w/2004-01-30/11202725695.shtml，2004-01-03。

种狭义的信息战,它借助信息本身的力量发挥作用,以达到协助战争、影响战争、控制战争的目的。

在伊拉克战争中,美方通过偷梁换柱式的视频剪辑技术几乎造成以假乱真的舆论效果,美国有线电视新闻网等西方传媒机构完全配合了前线美军司令部的要求,及时地宣传美军势如破竹的进攻、伊拉克军队的溃败和伊拉克民众"迎接"美军"解放"他们。完全忘记了追问这场战争的意义何在,美国攻打伊拉克的理由站得住脚吗?战争使新闻的正义性诉求变得微不足道。而伊拉克方面,为了迷惑他国,更重要的是稳定本国民众继续支持萨达姆政权,在明知伊拉克军队溃不成军的时候,还不断召开新闻会,散布伊拉克军队英勇抵抗,美军损失惨重的假消息。由此看来,传媒使战争空间得以扩展的同时,其本身也被战争重新塑造了。历史学家艾瑞克·霍布斯鲍姆说,离开战争,我们将无法理解这个世界。近几场局部战争实践告诉我们,宣传舆论战已经成为信息战的一种重要形式登上了历史舞台,在战争状态下,以往为军事服务的传媒显然不再仅仅是战况报道的单一工具,更多的国家是将其作为战略决策的一个中心环节来精心谋划,运用大众传媒为战争服务,在军事斗争中为争取舆论优势打好基础从而牢牢把握战场主动权。[①]

第三节 大众传播与战争宣传

"宣传与战争相伴而生",战争不仅是战场上的较量,也是

---

① 文育富、杨志:《浅谈战争与传媒》,《国防》2007年第6期,第70—71页。

国家间一场激烈的宣传战。为实现战争目标，参战国都会积极开展战争宣传活动。"早在公元前三四千年，在世界五大文明发祥地……私有制逐步发展，以掠夺别人财富为目的的战争频繁，为战争服务的军事宣传也随之出现。"[①] 2500年前的中国古代军事家孙武就提出："夫用兵之道，攻心为上，攻城为下，心战为上，兵战为下。"以现代的眼光观之，旨在攻心的心战在很大程度上便是宣传之战。战争是统治阶级或集团为达成某种目的而引发的，说到底，战争并不是他们的目的，而只是所采用的一种手段而已。为了达到特定的目的，就不可避免地要采取一些辅助措施，在此，舆论宣传就首当其冲。战争是流血的政治，是政治关系最暴力的表现形式。政治斗争要涉及到心理层面，"没有意识形态斗争的战争是不可想象的"，而意识形态的斗争就要依靠媒体来实现。在战争中，统治阶级要掌握三大法宝：一是在本民族、本国家内赢得民心民意，形成同仇敌忾的强大气势，以正义之师的形象激励参战人员的斗志和士气，造就官兵的战场心理优势；二是在国际社会广泛争取盟友，得到高度支持；三是最大限度地孤立对方，陷敌于广泛的道义谴责当中，置敌于心理弱势和劣势。这三大法宝要靠在战争中的宣传战来实现。

　　新闻宣传是心理战的重要手段，它是通过各种新闻媒体有计划地向受众传递经过选择的信息和材料，从而影响受众的情感、动机、判断和行动，达成保护和激励己方、破坏和削弱敌方的目的。第二次世界大战以来，随着高新技术大量运用于军事领域，交战双方在心理空间的对抗越来越成为影响战局的一

---

① 郑旷、徐一朋、王忠编著：《军事宣传学》，国防大学出版社1990年版。

个焦点。运用媒体宣传来进行心理战，是一种以大众传播为武器，对敌人心理活动进行攻击，造成敌方意志和士气崩溃，指挥决策紊乱，作战信心动摇，战斗潜力受到损伤的作战样式。军事心理战的主要内容是通过对各种信息的综合利用，摧毁对方的信念、意志和士气，减弱对方的战斗力。这种作用于精神意志的软杀伤要靠媒体宣传才能实现。

一、战争宣传的历史演进[①]

（一）冷兵器时代的战争宣传

公元前21世纪到公元14世纪的战争被称为冷兵器时期的战争。[②] 这一时期相对落后的作战思想和原始的交流方式，决定了冷兵器战争阶段的宣传手段极其简单。原始部落时期的战争宣传都是最原始的声音和图案式的符号宣传：酋长利用击鼓和踏步集合部落成员，指向敌方吼叫与比划，或围着篝火吼跳。部落成员披着野兽皮或在脸上涂抹颜色，对敌人呐喊吆喝以此震慑对方。自铜、铁兵器出现以后，宣传形式逐渐变得高级一些，包括发布战斗檄文、公布战争捷报、互派来使游说、烽火显示战情、摇旗擂鼓激励士气等。这一时期的战争宣传带有明显的圣化、神化和君主化色彩。如伊斯兰教创始人穆罕默德就是在"圣战"的旗帜下进行了统一阿拉伯半岛的战争。公元11世纪的十字军东征，罗马教皇乌尔班二世煽动宗教狂热，迅速组建十字军。

[①] 赵和伟：《战争宣传演进的历史考察》，《军事历史研究》2006年第4期。
[②] 王郡里：《战争的历程》，国防大学出版社2001年版。

（二）热兵器时代

从 15 世纪初到 19 世纪末被称为热兵器时代，此时期内火器成为主要使用的武器，其巨大的杀伤力使士兵们的恐惧加剧。与冷兵器战争相比，此时的宣传对士气的激励作用就变得更为必要。在军事技术革新的同时，报纸和广播等传播媒介也有了新的演进，战争宣传活动逐渐变得复杂起来。战争的宣传逐渐脱掉了神化的外衣，这期间比较有代表性的战争如英国资产阶级革命时期的国内战争、美国独立战争、法国革命战争、八国联军侵略中国等都是以国家利益、民族主义和民主思想为借口进行宣传。这些发动战争的宣传借口已经不再带有封建的迷信色彩，而是以赤裸裸的殖民扩张、掠夺土地和争取国家利益等代之煽动起侵略的野心。热兵器时期，报纸逐渐发展成为新的传播手段，宣传影响的范围越来越广阔。传播媒介有时甚至扮演了战争"导火线"的作用，美国著名报业大亨赫斯特曾说："你提供文字和图片，我将提供战争。"战时新闻审查制度也同时逐步建立起来。1861 年的美国内战开启了战争宣传的重要里程碑，其新闻审查制度堪称近代新闻审查的经典，新闻界与军方达成一定程度的默契，新闻界保证遵守军方的保密规定，而军方也尽量维持新闻的信息传播畅通和新闻报道的宽松自由。

（三）机械化战争时代的宣传

从 19 世纪末至 20 世纪中期，机械化战争的实践，使不少军事家和理论家都认识到了宣传的重要地位和作用，如艾森豪威尔说过，在宣传上花 1 个美元等于在国防上花 5 个美元。机械化战争阶段，宣传手段得到了极大改进，广播、电视、网络等信息媒介诞生并迅猛发展。第一次世界大战中，已经出现了飞机投掷传单的情景，电影宣传开始受到各国高度重视。在一战前，审查制度和新闻管理就以各种各样的形式存在。但是活动影像在不合规格中的运用更具色彩，它可能是一战中最重要的宣传革新。到 1918 年，所有的交战国不但利用有限的资源进行电影制作，还认识到了电影传媒强大的、大众化的、政治性的潜在宣传实力。在第二次世界大战中，广播和电影更是受到宣传家们的青睐。如德国的"哈哈爵士"，以及 1942 年为适应战争宣传需要、美国所创办的全球最大的"美国之音"对外无线电广播电台。在此时期内电影工业更加紧密地和政府及军方合作，在向华盛顿证明电影可以帮助人民摆脱战争的困扰，可以进行战时教育、鼓舞盟军将士的士气之后，电影被宣布为"必要的战时工业"。被作为第一场"电视战"的美越战争时，电视受到了空前的重视。而在海湾战争中，新闻媒体一天 24 小时不间断地将战况送到千家万户，科索沃战争更是首次运用互联网进行的网络宣传大战。这段时期内的战争宣传组织制度也日趋完善。美国在一战时任命了一个公共信息委员会以负责各类宣传事务；英国成立了宣传政策委员会，统一组织战争中各方面的宣传工作。德国在 1939 年设立了专门的"人民教育与宣传部"，控制着报纸、广播和电影公司的人员构成和内容。海湾战争中，美国专门成立了对传媒实行严格监督、审查和管理的机构，建立了"联合报道制"，设立了多国部队联合情报局局长职位，并规定了对记者的各种限制。

（四）信息化时代的战争宣传

20 世纪中期至今，结合信息技术的战争宣传在这一时期内得到了高度发展，同时由于武器装备的巨大耗费，各国都将越来越重视提升宣传的战略地位，以达成战争"小投入，大产出"的目的，战争中出现了战事未起、心理战宣传先行的基本规律。以伊拉克战争为例，小布什政府在伊拉克战争爆发前6个月，派遣心理战专家进入了伊拉克库尔德人地区，培养反伊心理战骨干。这一时期内先进的通信技术使得战争宣传在范围和适时性上都有极大增强，全球化的战争"现场直播"已经成为现实。至2000年已有120多颗通信卫星覆盖了地球上所有有人居住的地方，有线电视新闻的国际节目已覆盖了209个国家和地区。伊拉克战争中，通过电视媒体如英国广播公司、美国福克斯电视台，全球民众都可以清楚地看见美伊"新闻发言官"的争执，可清楚听到爆炸声、看到平民流血的情景。战争宣传借助先进的信息媒介和技术能够将战场情形向世界传递，强烈刺激着每个观众的眼球。信息化战争阶段，宣传的形式和手段发生了革命性变化。在无线传输技术方面，车载、机载、舰载的移动式广播技术和大功率无线广播电台被广泛运用于宣传之中。在现代传媒技术方面，各种图文信息技术、影视编辑技术、媒体制作技术等在战争宣传中发挥了重要作用。在网络技术方面，由于网络作为一种集图、文、声、像于一体的综合型信息传媒通道，网络宣传将在信息化战争中"大显身手"。伊拉克战争中，美军利用电子邮件对伊拉克高层领导进行攻心宣传，通过网络宣扬美军攻打伊拉克是为了"解放伊拉克人民"等。

二、大众传播与战争时期的对内宣传[①]

战时对内宣传,就是指在国家处于战争时期,政府对自身国民进行思想统一的工作,此过程的意义就是让内民众成为前方战事一个坚实有力的后方。有效的战时对内宣传工作的重要性不亚于前方将士手中的刀枪,而战时对内宣传中的应用主要是由宣传方向、宣传内容、宣传环境和宣传组织四个部分进行有机的组合。

(一) 宣传方向:对政府加以颂扬

当自己的国家和别的国家在战场上相遇时,"国家利益至上"成为一切活动的主导思想,任何行动都要为国家根本利益服务。面对战争,为了团结国内的民心,使之支持政府的行为,并且在行动上尽自己的能力去支持政府,将舆论导向有利于本国政府是必然选择。在此过程中,要让国内舆论倒向本国政府,将自己的仇恨集中到对敌人的作战上。拉斯韦尔认为,"对任何社会中占优势的大多数人来说,以安全和和平的名义攻打敌军是足够充分的理由。"美国攻打伊拉克之前,美国的各大媒体,无不把伊拉克的武装能力进行夸张式的描述,而对美国自己的武装能力并没有作正确报道。身在媒体宣传的环境中,人们不得不相信媒体上的内容,因为他们不知道在伊拉克到底发生了什么。

(二) 宣传内容:对敌人加以丑化

在战时对内宣传的一个重大任务就是对敌人进行丑化,

[①] 丁锐:《战时对内宣传的方法:基于对美国战争宣传的报道分析》,《新闻爱好者》2011年第10期。

用各种手段来揭露敌人的罪行。目的就是让人们坚信是敌人的罪恶破坏了现在的生活,必须要对敌人进行惩罚。具体的行动就是每个人都尽自己的能力去为国家服务。媒体要做的事情就是收集各种历史资料来证明敌人在历史上的邪恶和狠毒,并且一切关乎战局的报道都要和政府保持高度的一致,不能让对敌人有利的声音出现在自己的媒体上。这样做,就保证了媒体在时局中的利益和民族性。李(Alfred McClung Lee)和李(Elizabeth Briant Lee)提出了"辱骂法"(Name Calling)。这种方法将事物直接贴上不好的标签,导致民众不经过分析就拒绝和谴责这种事物。这就不难理解为什么美国在对伊拉克战争前,将伊拉克归为"邪恶轴心国",在开战前,美国政府大量散布"萨达姆拥有生化武器""萨达姆在制造种族灭绝"等信息。

(三)宣传环境:对媒介加以整合

沃尔特·李普曼认为,我们接触到的环境其实不完全是现实的环境,视野以外的环境借助一种中介物,即大众传媒来再现那里的环境,这种再现构成了一种存在着偏见和歪曲的拟态环境。特别是在一个相对较短的时间内,尤其是在战时状态下,受众不会去对所接收的信息加以甄别,同时公民爱国主义感情的迸发,也造成受众对于传者的"听之任之"。二战期间,美国在广播中大量播送的多是关于鼓舞人民士气的新闻,在对阿富汗、伊拉克战争前后,美国的各大媒体利用各种方式丑化对方,并安抚国内士兵家属。在媒介与信息的强烈影响下,大多数受众得到的结果是对阿富汗、伊拉克的战争必然会取得胜利,并且没有想到战争发展的结果与他们当初的设想大相径庭。

（四）宣传组织：对报道加以指导

在和平年代，不同的媒体集团会就某个新闻展开争夺，希望其能帮助自身提高发行量和收视率，这会导致其在报道过程中不择手段，也可能会削弱国内民众的士气、泄露军事机密等。在战争年代必须要对关系前方战事的新闻进行统一的报道，一切报道活动要本着"国家利益至上"的原则进行。这就需要有特殊的机构对报道进行管理，对信息的发布进行统一管理，让国内民众的舆论导向始终控制在本国政府的手中。美国在二战时成立了新闻监察局。通过媒体了解到相关情报是在各种窃取情报的方法中比较快捷、方便且风险系数低的，因此，关于交战信息的报道上需要进行特别管制。而过度报道战争的负面新闻会削弱国内人民的士气并激发反战情绪。

三、战争海报：战争中的宣传艺术

海报作为宣传的重要手段之一在被广泛应用，存在于生活的各个方面并与我们的生活息息相关，且逐步演化成为特定艺术表现方式。战争海报作为海报艺术的一个分支，因其具有的特殊性在漫长的海报艺术发展的历史中扮演了不可或缺的角色。战争海报在两次世界大战期间获得了很好的运用和发挥，使战争海报的发展达到了巅峰时刻，而且赋予了海报以政治色彩。

战争海报是以宣传鼓动、制造社会舆论和气氛为目的的绘画。一般带有醒目的、号召性的、激情的文字标题。其特点是形象醒目，主题突出，风格明快，富有感召力。战争海报一般都张贴或绘制在引人注目、行人集中的公共场所，通过直接面向群众、影响人心而及时地发挥社会作用。

　　法国艺术家朱尔斯·谢雷于1869年创作了第一幅真正意义上的现代海报。随着社会的发展和科技的进步，人们逐步发明了彩色印刷术、缩放仪和照相技术，并提高了印刷油墨的亮度，使得海报得以大量印制。早期的海报通常被用于通知戏剧与音乐演出和商业宣传，但很快人们就意识到海报还具有一种很强的信息传递和宣传功能，特别是当社会出现危机时这种功能就更显突出。因此，海报便很快成为人们对付政治上的对手或敌人的主要手段之一。

　　海报设计在第一次世界大战期间发展到了相当高的水平。印刷术的完善、设计思想的进步、庞大的社会需求，共同造就了这种进步。从设计手段和印刷手段上来讲，海报无论是从设计还是从发行量来看，都具有比以前任何时候都更好的条件，而战争则能造成巨大的筹集资金、招募人员的任务和需求，纸质海报因其画面形象生动、色彩鲜艳，以及价格低廉，很快成为交战双方宣传战场上的主角。一战时期海报的常见画面有：过去或现在的国家领导人和著名人士的画像、国家和民族的象征物以及面目可憎或可笑的敌人等。在此期间，机械被广泛地用来进行大屠杀，这些战争机械价格昂贵，而在战争中双方的武器损耗非常严重，因此，不得不用大量的资金来维持战争的进行，大量人员的伤亡也使交战双方不得不大量地、不断地招募人员，充当上前线的炮灰。因此，双方都聘用平面设计家设计政治海报，以提高民众士气的方式，来达到招募人员和筹集资金的目的。

　　当时，以英法为首的协约国和以德奥为首的同盟国，海报设计风格有着相当大的差别，同盟国的设计是以"维也纳分离派"和德国伯恩哈特的简明风格为主,标语字体简明扼要,与具有简练特征的图形结为一体,具有强烈的视觉感染力。同盟国的政治海报设计中,最具有影响力的是设计家吉普肯斯和厄特的设计。与同盟国简单、扼要的海报相比,协约国设计的政治海报则以"维多利亚式"风格为主,强调写实的插图效果,以写实的诉求代替象征性的诉求,强调绘画表达的具体内容。二者在设计风格上可谓大相径庭。

二战开始之后,对法西斯的仇恨刺激了大批艺术家和设计家投身政治宣传画和战争海报设计工作,他们在许多商业刊物上以插图和其他设计方式表达对敌人的仇恨,通过设计来帮助战争取得胜利。这些设计,对于美国赢得战争的胜利起到了积极地促进作用。这个时期的海报设计,都具有简单明确、视觉形象鲜明的特点,且都有非常简练的口号。因战争的需求,和平时期设计的那种悠然自得的风格已经不能适应强烈的宣传目的性要求,主题鲜明、版面简单而明确的海报成为最主要的设计风格,其中比较有代表性的有约瑟夫·宾德、拜耶、本·山等人设计的海报,他们的作品除了具有以上的共性之外,也具有强烈的个人设计特征,宾德的作品多使用象征性的几何图形,表达了强烈的政治含义,而拜耶则更加讲究摄影拼贴的效果,作品具有很大的视觉煽动性。

总体上看,战争海报的特点首先是寓意直白、干净利落。二战期间,由于当时各国人民文化水平较低,受教育程度的普遍缺失,当时的战争海报在内容上普遍采用了直白的表达方式,使得当时的受众能够很快地了解海报想要传达的信息内容。直白的画面甚至不需要文字就可以让观者了解海报要传达的信息。其次,战争海报主要以画面为主,文字主要起到画龙点睛的功效。二战时期，参战各国使用的海报不约而同地采用了画面为主文字点睛的方式来创作海报。例如苏联海报"祖国——母亲在召唤！"画面中央一位母亲身披红色苏联传统服饰，右手持传单振臂高呼，母亲身后是无数的枪支，画面上方为海报的主体文字"母亲在召唤"。最后，战争海报往往爱憎分明，感情浓厚。战争，这一特殊的时期导致了特殊的信息传达以及强烈的情感表达方式。美国海报"这就是敌人"的整个画面构图简洁，一个纳粹军官手握匕首刺穿了一本圣经，告诉受众这就是敌人的所作所为，即亵渎《圣经》和基督，使得受众可以感受到画面强烈的感情。

第六章

大众传播与国际大众文化

随着全球化时代和信息时代的并行，大众文化依托大众传播逐渐成为衡量国家软实力的指标之一。用以往的国际关系观点"大众文化属于低级政治、国内政治，甚至无法与政治产生联系"去评判如今的大众文化恐怕已经过时。在当代全球化背景下，大众文化因为其所具备的娱乐性、可包容性、可复制性的特征，更容易通过大众媒介在区域范围内甚至世界范围内获得更加广泛的传播，并对输出国带来相应的经济利益乃至政治利益。同时，大众文化亦因其包容性的特征，允许不同种族的人群拥有共同的群体身份，并给予他们一种特殊的身份认同感。这能够打破传统的构建国家认同的方式中由于文化隔阂而产生的壁垒。因此，将大众文化资源作为国家资源和发生国际关系的场所是这一趋势下的必然结果。也有观点认为大众文化是以大众传播为手段，按照商品市场规律进行运作，旨在使大众获得感性愉悦的文化形态。

第一节 大众文化的概念

在探讨大众文化与大众传播的互动关系前,需要明确大众文化的基本定义。大众文化这一概念最早出现在美国哲学家奥尔特加《民众的反抗》一书中,主要指的是一社团、一地区、一个国家中新近涌现的,被大众所信奉和接受的文化。我们今天所说的大众文化是一个特点范畴,主要是指与大工业密切相关的,以全球化的现代传媒为载体批量生产的当代文化形态。[1] 有学者将大众文化界定为在工业社会中产生,以都市大众为其消费对象,通过大众传播媒介传播的无深度的、模式化的、易复制的、按照市场规律批量生产的文化产品。[2] 也有观点认为大众文化是工业社会、后工业社会的产物,是一种以大众传媒为载体,以批量生产为特征,以追求规模商品利益为目的的类型文化。根据相关研究学者的普遍概念,我们可将大众文化视为以大众传播为手段、按照商品市场规律进行运作、旨在使大众获得感性愉悦的文化形态。可以说,大众文化的出现本身带有一定商品化、工业化、满足大众精神需求和提供后物质认同的使命。[3] 马克思早在《剩余价值理论》中便对文化工业化有所预言,他强调"一定社会形态下的自由的精神生产"必须把

---

[1] Jose Ortega y Gasset, "The Revolt of The Masses," W. W. Norton Co. Inc., 1955.

[2] 陈刚认为大众文化是在工业社会中产生,以都市大众为其消费对象,通过大众传播媒介传播的无深度的、模式化的、易复制的、按照市场规律批量生产的文化产品,具体参阅陈刚:《大众文化与当代乌托邦》,作家出版社1996年版。

[3] 叶志良认为大众文化是工业革命的文化产物,带有商品性、世俗性、娱乐性、技术性的基本特征,具体参阅叶志良著:《文化大众》,上海文艺出版社2003年版。

握生产的一定的、历史的发展和特殊的形式。这种行为在马克思主义哲学中被视为是一种"艺术生产",文化工业与受众之间关系的实质,就是生产与消费的关系,在马克思看来文化作品作为社会形态下的精神生产,在物质社会的私有制形成后,谁掌握了一定历史时期的物质生产资料,谁就掌握了一定时期的精神生产自由。[1] 法兰克福学派创始人阿道尔诺和霍克海默在1947年出版的《启蒙辩证法》中也强调资本将大众文化产品标准化,文化形态由资本的逻辑决定,不再由任何一个特殊的艺术家或者企业家决定。[2] 即文化工业使得大众文化在这样的背景下诞生,显然是一种具有自身特殊规定性的文化类型,它作为文化也具有一定自我特征。

从20世纪50年代批量生产的电视机走入寻常百姓家,到电子计算机的广泛运用,不仅使信息社会化,而且渗透于家庭、社会及各种艺术生产中,电子印刷技术的革命,使艺术大师的作品被雪片似得复制出来。光电技术的推广运用,计算机的广泛使用,印刷技术的更使电子媒介对社会的影响远远超出了印刷媒介,个体作坊式的艺术生产变成了现代工业的批量生产。从本质上说,大众文化的产生并不主要依托于国家,而更多依托于它是一种媒体文化,这种文化的立足点是物而不是人,它受制于器物。迈克尔·布雷克认为,流

---

[1] 根据马克思《政治经济学批判》中提出的艺术生产的概念,即"当艺术生产一旦作为艺术生产出现",我们将其大致分为广义和狭义两个层面,前者作为与物质生产相对的精神生产的一种,后者特指在资本主义生产时期"直接同资本交换的"生产性劳动。且在剩余生产价值中以书商的生产劳动性作家距离,大众文化产品是从属与资本的"具体参阅[德]马克思著,中共中央马克思恩格斯列宁斯大林著作编译局译:《剩余价值理论》,人民出版社1975年版。

[2] [德]马克斯·霍克海默、西奥多·阿道尔诺著,曹卫东译:《启蒙辩证法》,上海人民出版社2006年版。

行媒介文化是"以音乐、时装、杂志、电视和电影为消费对象,建立在大众传播媒介为青年消费所肯定的价值观念、活动和角色基础上的一种青年分层文化"。但单纯依靠媒介的力量流通的大众文化是有所边界的,由于19世纪后期大批文化工业产品充斥了大众舞台,而不同语言、地域与文化背景下产生的大众文化产品又具有一定的局限性。具有代表性的国际大众文化是如何诞生的,本文认为有三种不同的力量的干涉推动了大众文化的发展,即国家行为体、非国家行为体和个人力量。

第二节　国家与大众文化

大众文化与语言建构相似,于国家关系中,国家行为体通过电视节目、电影、音乐等渠道向受众提供大众精神产品,同时,将受众转化为国家文化的接受者,成为构建国家身份认同、公民实践、制度和目标的重要因素,可以说大众文化的推广与国家行为体的推动有直接关系。

一、国家行为对大众文化的正向作用

各国在文化产业管理部门和政策上体现了文化推动和国家的直接关系。在大众文化产业专门的部门机构设立上,国家的管控分为两种,一种是有固定的政策部门对大众文化产业进行直接的经济支持,诸如英国施行"创意产业"政策,推行并成立的三大文化产业部门,即"文化传媒体育部""贸易与工业

部"和"外交部";① 1998年韩国金大中政府提出"文化立国"方略后成立的强调文化产业化和信息化的韩国"文化体育观光部"并设立为主管文化事务的最高一级部门。② 另一种是没有专门的文化部门管理大众文化,让其遵循市场规律,实行不干预政策。这类国家主要以自由市场经济的国家如美国、德国等,由于文化产业各部门的运作本来就很成熟和发达,故一般通过特定的国会政策与财政拨款直接对某项文化产业进行援助。

在政策扶助上,以美国《电信法》为例,1984年,里根政府在减少政府管制、增强竞争活力的理念下,放松了对媒体所有权的限制,在传媒业特别是报业形成了所有权兼并和集中的浪潮。随后当选的小布什和克林顿继续了这一进程。尤其是1996年克林顿政府签署的《电信法》,大大放宽了对媒体所有权和跨媒体所有权的限制,形成了世纪之交规模空前的媒体兼并浪潮,促成了少数超大规模的跨媒体文化产业集团的出现。③ 又如日本国会于2004年提出了《文化产业的商务振兴政策——软件力量时代的国家战略》并制订了"文化产业促进法",④ 包括发展振兴电影、音乐、戏剧、诗歌、小说、戏曲、漫画、游戏产业等内容的一个集大成的法律文献。

而在经济援助方面,美国是当今文化投资力度最大的国家,也是国际文化资本流入最多的国家。据统计,联邦政府对

---

① 具体参阅李庆本、吴慧勇:《欧盟各国文化产业政策咨询报告》,大象出版社2008年版。
② 任鹤淳:《韩国文化产业实况与发展政策》,《当代韩国》2004年第3期。
③ [美]大卫·赫斯蒙德夫著,张菲娜译:《文化产业》,中国人民大学出版社2007年版。
④ 卢娟:《日本的文化产业政策及运作》,《青年记者》2006年第5期。

各种较重要的公共文化组织（如国家艺术基金会、国家人文基金会和公共广播电视公司等）每年的投入预算高达20亿美元。同时，美国政府注重通过法律法规和政策杠杆来鼓励各州、各企业以及全社会对文化事业进行赞助和支持，要求各州、各地方拨出相应的地方财政经费与联邦政府的文化发展资金相配套，并明确规定与文化公益事业相关的单位或群体一律享受免税待遇。英国对大众文化的经济援助首先是最常用的手法彩票众筹，通过发行国家彩票来补助文化事业和文化产业是英国的惯例；其次是通过税收政策，对出版业增值税的豁免来支持文化产业的发展；最后，英国向全国每个电视用户征收"电视接收许可费"然后全额拨给英国广播公司，以保证节目质量和品位，这成为英国政府最大的一笔文化拨款。[1]

在打通国外市场上，各国在出版物、视听产品等大众文化媒介市场上的争夺也能看出国家对大众文化传播的推进作用，以文化管制的美法双边协定为例，自二战后除美国外，各国都将电影属性视为一种文化表现形式，并坚持认为电影具有独特文化本质，不能以一般国际贸易货物与服务相提并论，自1947年关税及贸易总协定谈判开启后，美国政府迅速成立电影出口协会，并试图将"电视与电影引入无限制货物与服务范围"。尽管关税总协定仍采用"配额原则"，但美国通过双边协定的方式获取好莱坞电影在多国的放映额度，诸如与法国戴高乐政府的谈判中以6.5亿美元的经济援助交换好莱坞电影在法国影院的放映额度。[2]

---

[1] 毕佳、龙志超：《英国文化产业》，北京外语教育与研究出版社2007年版。
[2] 肖华锋：《冷战时期美国文化扩张与渗透》，中国社会科学出版社2016年版。

二、大众文化对国家意识形态与议程设置的作用

要了解国家行为体为何热衷于将电影工业推行至世界各地，就必须知道意识形态传播与电影媒介的关系，学界普遍认同的两种观点，一是电影生产本质上是一种意识形态生产；另一种观点是诸如阿尔都塞等意识形态国家机器理论者，认为电影本身可以被视为"意识形态国家机器的最佳装置"，[①] 是"一个可以不断地对意识形态进行复制和再生产的最佳装置"，而电影在西方社会中是为现存的社会体系进行辩护的主要媒介之一，其功能就是提供一种意识形态的辩护。实际上，对传播媒介内容的控制来自于一种专制的思想。尽管电影产生于文化趋于大众化的年代，但由于它对道德与信仰具有强大的影响力，加之它所需要的经济实体，而招致了官方或政府机构较高程度的控制。[②] 在社会主义国家，电影企业曾经属于公有制，因而，经济来源和影片制作均由国家统一分配。在这样的体制下，较小程度上会因为资金而苦恼，可以创作出优异的影片；在资本主义国家，电影创作人员都依附在大资本家的翅膀下，这样影片就不可能不为他们的阶级服务，即为占统治地位的意识形态服务。

[①] 阿尔都塞直接认为，电影以及报纸、电视、文学、艺术、体育等等，这些都是"意识形态国家工具"（Ideological State Apparatus），通过它们的狂轰乱炸，既可以用来约束管理者（舆论监督），也可约束大众群体（舆论监控），同时也强迫观众（受众）认可其中的"意向文本"（image text），并通过想象力与他们所生存的现实世界产生联系。具体参阅王宁川、邹宇泽：《视觉盛宴的政治隐喻：好莱坞电影与国际关系》，《浙江工商大学学报》2013 年第 3 期。

[②] Alan Williams, "Film and nationalism," New Brunswick: Rutgers University Press, 2002.

二战时期，1942年初，德国占领了莫斯科以西的大部分领土。为了号召举国团结抗击德国纳粹侵略，苏联政治电影的作用由单纯的政治宣教转向战时动员，一系列反映战事发展的新闻短片汇集成了"战时影片集"，强调德国侵略者为苏联人民带来的巨大创伤与前线战士英勇作战的纪录片，以及表现战争残酷和强调对纳粹仇恨的战时电影长片陆续出现。在德国，纪录片导演莱妮·里芬施塔尔（Leni Riefenstahl）的纪录长片《意志的胜利》（Triumph des Willens），记录了纳粹政党1934年召开纽伦堡大会的盛况，并受希特勒委托制作了记录1936年柏林奥运会的《奥林匹亚》（Olympia），以及美化战争、抨击"第三帝国的敌人"——主要是犹太人电影，如"敌人电影"系列五部反犹长片。[1]

好莱坞作为美国电影文化工业的标杆，在意识形态上同样迎合了不同时期的美国政策，形成一种与美国文化政策相辅相成的关系。以好莱坞几部经典电影为例，可以看到好莱坞对基督教主义、个人英雄主义的认同，如《勇敢的心》（Braveheart, 1995）中为苏格兰人民的自由与平等而率兵战斗，最终高呼"自由"受刑而死的威廉·华莱士；《角斗士》（Gladiator, 2000）中试图挽救古罗马共和制度最终身死族灭的将军马克西姆斯；《泰坦尼克号》（Titanic, 1997）中在最后一刻将生还的希望留给他人的杰克、乐师、设计师安德鲁等人。这种救世意识的延伸带来了个人英雄主义文化，承担救世任务必然落于集体或个人身上，而美国（包括整个西方文化）则更倾向于对个体力量的张扬。因此基督教文化可以说是整个美国文化认

---

[1] 具体参阅王逸舟、严展宇：《迷人的国际关系》，上海人民出版社2019年版。

同的基础。

个人英雄主义文化在美国社会中是处于极高地位的,甚至可以说,没有个人英雄主义文化,就没有美国民族主义。因此其是美国文化认同的核心,而好莱坞对这一文化认同诉求的表达也是不遗余力的。吴琼曾在解读拉康提出的镜像理论时指出:"所谓认同(identification),就是主体在力比多投注中以投射的方式对自身以外的某个他人或对象的某些属性的承认、接纳和吸收,它是自我和主体之构成的一种运作机制。"① 拉康认为人类的认同包括想象性认同,即想象一个理想自我。而这种理想自我往往是在现实生活中并不存在的,电影则帮助观众具象化这种想象,满足了观众的欲望。②

对这一文化认同诉求表达得最为明显的莫过于好莱坞以漫威、DC 为代表的电影工场出品的"超级英雄"系列电影,与之类似的还有蝙蝠侠、蜘蛛侠、钢铁侠、美国队长等,层出不穷的超级英雄分别成了正义和真理"守护者"的具体形象。与之相对的是,在美国成为"救世主"的同时,还通过大众媒介刻意地塑造敌对的"他者",通过对非白人人种和非西方意识形态国家的刻板印象塑造,让大众对非民主国家的国家文化产生负面印象。无论是冷战时期还是"9·11"恐袭事件后,好莱坞等以西方为首的文化工业制造商都服务于其国家意识形态,配合美国国家政策和国际局势塑造极端刻板印象的"他者"形象。以电影《007》系列为例,将《诺博士》《皇家赌场》等影片中的反派形象塑造成另类异端,成为全世界人民的

---

① [法]雅克·拉康著,吴琼译:《阅读你的症状》,人民大学出版社 2011 年版。
② Weldes J, Edkins J, Paolini A J, "Poststructuralism and International Relations: Bringing the Political Back in," American Political Science Association, 1999.

公敌,这容易使观众把这些形象和罪恶、腐败、道德沦丧联想在一起,这些自冷战时期起的"妖魔化"宣传,造成了大量民众对其他文化存在着扭曲的认知和潜意识的恐惧。[①]

另外,大众文化也通过大众媒介的传播力量,将大众舆论带入国家行为体偏好的议程之中,无论是短期政治事件,还是向大众灌输长期的政治观点,其目的都是发挥大众传媒对国际关系的聚焦作用。大众传媒的功能之一就是议程设置。例如,海湾战争期间,媒体的力量成为这场战争在政治和军事方面整体行动的重要组成部分。

同理在"9·11"恐袭事件发生后,恐怖袭击再一次强化了西方民众的臆断,不断攀升的恐惧心理和偏执情绪推波助澜,这种偏执"在电影、电视和通俗小说里广为流传",这恰恰是"对公众在恐怖面前无能为力的主观表现"。民众在困厄与恐惧中自然需要国家的承诺和报复的对象,时常发生的恐怖事件又给编剧提供了描写所谓美国英雄如何除掉外来威胁的机会。因此,伴随着"反恐战争"不断地被戏剧化,中东和穆斯林形象就注定成为电影里恐惧和威胁的来源,观众通过潜意识对"原型"进行找寻,并认可了美国的价值观,同意由美国来对抗邪恶。依靠媒体直观生动地宣传,引发民众对其他文化的恐惧,再凭借好莱坞电影统一了不同文化群体的认识,在集体意识上建构起美国的"救世主"形象,通过有意无意地把"主权"模糊化来实现去主权化和去地域化,同时将自身的理念自然化、常态化和普世化,美国成功地通过好莱坞电影营造

[①] 王宁川、邹宇泽:《视觉盛宴的政治隐喻:好莱坞电影与国际关系》,《浙江工商大学学报》2013 年第 3 期。

出一种国际政治话语权。

美国政府通过电影传播的方式将美式电影文化根植于公众心中，形成了一套以美国价值为基准的社会文化资源，美式电影成为了公众心中的"常识"又或是"话语权"。这种话语权给予政治精英向公众又或世界行使权力的"合法性"，而电影工业文化成为了这种话语权的表征。通过大众文化，美国创立和维持以西方意识形态为主的当代世界政治的文化权力结构，这也是大众文化的主要作用之一，迈克尔·夏皮罗（Michael Shapiro）认为，除了一些抗拒的形式外，音乐、戏剧、电视天气预报，甚至麦片盒"剧本"，都倾向于通过帮助其无争议运作所需的信仰和忠诚，来支持主流权力结构。这种现象在美国主流战争电影中就有所体现，诸如20世纪80年代中期的《第一滴血（2）》和汤姆·克兰西的小说《猎杀"红十月"号》和《红色风暴行动》。

第三节　跨国公司与大众文化

一、跨国公司对大众文化的塑造作用

跨国公司在大众文化与大众媒介的运用上，比国家行为体来得更加直接纯粹，这是因为他们常常担任文化工业的直接获利方或是大众文化本身的生产者，大众文化革命带来的技术与经济一体化的高速推进，促成了大众消费时代的到来。根据联合国贸发会议（UNCTAD）最新资料，目前约有7.7万家跨国公司在全球有约78万家子公司。在100个最大的经济实体中

（含国家和地区）有29个是跨国公司。

跨国公司作为"公民"的"商人共和国"的有机组成部分，为获得利润最大化在全球范围内进行传播，唤醒大众对消费欲望的满足及对商品背后企业文化的崇拜与依赖，跨国公司需要逐利，需要通过媒介制造国际影响力，收音机、电视和互联网的广播性质决定了它们与商品的推销关系或者说与消费文化之间的关系，其展示的是西方后工业化信息。而跨国公司影响公众舆论的媒介方式，更多是依赖广告，关于广告之于大众文化的作用，戴维·波特（David Potter）曾评论说："不懂广告术就别指望理解现代通俗作家，就好比不懂骑士崇拜就无法理解中世纪吟游诗人，或不懂基督教就无法理解19世纪的文艺复兴一样。"[①] 由于广告是单向的、非面对面的传播方式，所以广告必须借助于一些特殊的技巧，以获得某种"社会亲和力"，激发受众对商品的积极的、正面的情感反应。这就要求广告把美好的东西、生活、理想和价值都转移到商品中去，故广告形象天生带有对大众文化的迎合和献媚。据可口可乐公司2015年到2019年财报，可口可乐平均每年的支出维持在40亿美元左右。其中2019财年的广告支出为42.5亿美元，占该财年营业收入总额（373亿美元）的11.4%。常年的广告媒介产出，在如今信息全球化浪潮下形成了一种对大众传媒视野的垄断，也形成了消费主义下独有的大众文化。

跨国公司不仅通过大众媒介形成国际大众文化，也通过大众媒介将大众文化在地化成一种本土文化元素，通过对不同国

[①] [美]丹尼尔·贝尔著，赵一凡、蒲隆、任晓晋译：《资本主义文化矛盾》，三联书店1989年版。

家的差异化广告、宣传片设计，逐步融入不同国家群众视野中形成文化"符号"层面，对国家民族文化来说，是一种难以抵挡的外来文化入侵。例如，肯德基在中国有一个成功的广告案例描述了一个没有卸妆的京剧演员正在吃肯德基。这种本土符号化的历史最早可以追溯到1930年代，负责拓展全球业务的可口可乐出口公司在英国登报，以350英镑的奖金征集中文译名。旅英学者蒋彝从《泰晤士报》得知消息后，以译名"可口可乐"应征，可口可乐通过本土化实际上成为一种本土"符号化"过程。[①] 一种基于利润最大化的本土"符号化"过程，和任何国家的真正民族文化都没有什么实质性关系，其结果是本土文化赖以存在的地域逐步沦为本土"符号化"场所的堆砌。

　　同时跨国公司通过政治广告渲染社会舆论，获取大量点击与短期关注度，达到广告媒介应有的传播和讨论力度。诸如百威啤酒在"超级碗"上播放的1分钟广告"生而艰难"（Born the Hard Way）讲述了来自德国的创始人阿道弗斯·布希到美国圆酿酒梦的故事，故事中的美国人对着主人公吼："你看上去不像本地人，滚回家去！"上线3周，广告在YouTube上的播放量达到2811万次，收获了4.8万个赞和1.7万个踩。多达12314条的评论区则为了广告是否在影射3天前特朗普收紧的移民政策吵得不可开交。

　　同时跨国公司也会通过榜单、电影节等方式，制造大众传播话题，形成一种以西方文化价值为主流的媒介潮流文化。资本和娱乐公司通过杂志、互联网等大众媒介让世界各地的听众

---

① 参见可口可乐中国官网，https：//www.coca-cola.com.cn/history。

可以找到各种音乐种类的介绍与排行榜，因此大型唱片在流行音乐的定义上往往具有权威性的特征。目前美国通过其庞大的市场以及强大的文化影响力正主导着全球音乐大众文化的动向。由美国的音乐杂志《公告牌》所制作的"公告牌百大热门单曲榜"（Billboard Hot 100）自1958年8月4日诞生第一首冠军曲至今，音乐排行榜就开始作为音乐传播链条中的一环，展示着音乐的流行强度。随着时代的进步、科技的发展和社会的变迁，流行音乐的风格、音乐形式等均发生了较大变化，音乐排行榜的榜单设置、统计方式也做出了相应的调整，各个国家、地区不能采用同一标准的音乐排行榜进行音乐流行强度的衡量。在20世纪末，流行音乐一直以来似乎都是美国的专利。迈克尔·杰克逊（Michael Jackson）在20世纪80年代风靡全球，从此开创了大众文化领域的国际化风格。披头士（Beatles）具有非常鲜明的英伦风格，并在全球大受欢迎。与之形成鲜明对比的是，杰克逊的音乐天才地融合了迪斯科节奏以及没有太多内在含义的语句，看不出任何文化背景。美国公告牌单曲榜首周进榜成绩最高的纪录被披头士1970年3月21日发行的《顺其自然》维持了25年，直到1995年6月17日才被迈克尔·杰克逊与珍妮·杰克逊兄妹二人合作的《尖叫》打破，不过这一纪录刚刷新还不到3个月，美国公告牌就诞生了史上首支空降冠军单曲，1995年9月2日迈克尔·杰克逊的《你并不孤单》。

二、企业大众文化塑造文化帝国主义

以好莱坞、耐克、星巴克为首的跨国公司产业在塑造品牌文化和产品精神属性的同时,也为美国形成文化帝国提供了极其强大的帮助。美国文化产业的产品,尤其是好莱坞的电影、几大电视网的肥皂剧及娱乐节目、自由的无线广播,在世界各地都形成了这种媒介霸权。首当其冲的就是《星球大战》《阿甘正传》《侏罗纪公园》《拯救大兵瑞恩》《谍中谍》等好莱坞大片,特别是那些投资巨大的娱乐影片抢占了全球票房的大部,甚至全球正在放映的电影中有85%都是来自好莱坞。在发达国家中,例如法国一改曾经占领美国市场的强势,70%以上的影视产品来自美国;加拿大等国的电影市场也几乎被美国电影所垄断。[1] 由此导致1995年12月28日在法国巴黎协和广场举行的法国电影人对电影诞生一百周年的纪念活动上,法国著名演员德迪帕约和阿兰·德隆从片盒中拽出一部美国电影拷贝并当众销毁。[2] 根据联合国教科文组织20世纪80年代末的统计,巴黎的六个电视频道每年总共播放1300部电影和电视剧,其中1000部来自美国,美国电影占法国票房收入的60%以上。法国前总统希拉克大声疾呼:"我们国家的前途处在危急关头。"[3]

这种全球文化的危机在费耶什（Fejes F）的《媒介帝国主义:一次分析》中有所解释:"媒介帝国论将以宽泛、普遍的方式得到使用,以便描述这样一种过程:现代媒介借此来发挥作用,以在全球范围内创造、维系并扩展各种主导性和附庸性

---

[1] 刘继南:《国际传播与国家形象:国际关系的新视角》,北京广播学院出版社2002年版。
[2] 程雪峰:《软实力博弈:媒介强度与文化势能》,光明日报出版社2019年版。
[3] 庄礼伟:《信息殖民与本土防御——世界信息与传播格局中的西方与非西方冲突》,载陈卫星主编:《国际关系与全球传播》,北京广播学院出版社2003年版。

体系。"① 他认为，传播新技术不是由发展中国家开发的，发展中国家大多数从西方购入，西方的传播技术借助殖民主义出口，然后通过各种附庸关系得到资本主义的扶持。跨国传媒公司的发展，意味着西方的资本和技术已被用于经济上处于附庸的国家建立传播体系，进而导致资本集团对组织结构和组织控制方式的复制。西方传播的一系列市场规则、行为价值系统以及职业准则被视作全球媒介组织的圭臬，并明显地体现在具体的操作中。显然，费耶什强调媒介帝国主义体系具有权力的主导性，权力对象的附庸性，媒介在体系中是至关重要的，必须要依赖媒介才能维系这个体系，而媒介本身具有技术和结构上的优势。1996年在马尼拉召开的儿童权利与传媒关系的亚洲国家会议发出警告：亚洲的价值观和文化可能被西方传媒浪潮所淹没，亚洲为儿童制作的影片、电视节目、出版的书及杂志都严重不足，数据呈现"70%进口，30%自产"的状态。② 玻利维亚1995年产出过5部电影，同年进口影片为149部，其中美国影片占76.5%；几内亚1990年产出1部电影，进口394部，其中美国影片占52.5%。发展中国家的媒介文化输出渠道完全被西方媒体所占据，只有美国等西方国家的媒介才有这种特质，而发展中国家的媒介无法充任权力的主体，处于从属地位也就顺理成章了。

席勒在《大众传播与美利坚帝国》中指出，美国以激进的自由民主观念分析和批判大众传媒和信息技术领域中的权力运

---

① Sparks C, "Globalization, development and the mass media," Media International Australia Incorporating Culture & Policy, 2007.
② 刘继南主编：《大众传播与国际关系：现代传播文集》，北京广播学院出版社1999年版；蔡帼芬主编：《国际传播与对外宣传》，北京广播学院出版社2000年版。

用，所谓在跨国文化交流过程中的"市场机制的控制和思想观念的传播"，聚焦点是美国政府在推进美国影视产业向海外扩张和渗透中的作用[①]。他强调，国家（民族）主权、文化认同、人民对于大众传媒活动的平等介入、社会责任等是建构未来理想传媒体制与信息社会的重要方面，所谓文化帝国主义和传媒帝国主义的实质，是少数国家，尤其是美国，控制国外国内媒体的结构与内容，强行输出自己的文化习俗、价值观念和意识形态。席勒指出，这是一种有计划、有预谋的支配活动（即阴谋论和预谋论），也即以美国为首的大国和跨国公司，为获取经济利益和推销政治文化以及价值观念、商业规范、消费行为、生活方式等而设置并且实行的一项深思熟虑的战略；文化帝国主义和传媒帝国主义是近代殖民主义在当代社会文化领域的延续。此种理论的基本立足点是，国际影视贸易的单向性和不平衡以及由此必然所致的大国文化之移植和小国弱国文化个性之失落。

第四节　个体与大众文化

在除跨国公司的文化工业、政府管控大众文化两个媒介外，名人效应亦是影响大众文化国际政治的一个大方向，正如韦伯2005年所言："文化并不与政治对立，政治是文化的，文化也代表了政治"。名人行为和言论在全球化的背景下是带有政治和道德性的，而非娱乐行业无辜的非政治表现。

---

① ［美］赫伯特·席勒著，刘晓红译：《大众传播与美帝国》，上海译文出版社2013年版。

一、名人行为使大众文化政治化

名人政治或名人外交是大众文化影响国际关系的一个重要尺量,《时代周刊》将布诺与比尔盖茨夫妇列为 2005 年的政治年度人物,可以看出,当今国际舞台上,从事多种活动的新型名人已经受到认可。信息全球化的不断推进促成了大众文化的传播往往比政治更为快速而广泛,但也掀起了一段以明星艺人和企业家为主,干涉全球事物的浪潮。这些名人几乎没有受过学术或实践上的任何外交工作培训,他们发出的信息是口语化的,有时明显是非外交语言,他们游走于各大新旧媒介和互联网媒介之上,却在散发世界主义和治理全球议题上具有极大影响力。

在 21 世纪外交的变化中,以国家为主导的官方媒体和政治领导者对大众的吸引力逐渐减弱,官方机构与领导人仍然遵循传统的礼仪、礼节和高门槛的外交场合报道,报道视角亦始终保持在资源争夺和国家利益诉求的需要上,在这个流媒体时代影响力和关注度都有所削弱。而以名人外交为代表的非官方公共外交却没有这些缺陷,比如名人可以是敏锐的、个性的、矛盾的甚至是蛮横的。非官方及非专业性的身份给予他们在谈论涉及政治领域话题时可以拥有更多的宽容度和话语自由。

从大众文化角度上看,名人被认为具有内在属性,这些属性不仅为他们在自己的活动领域提供了地位,也为他们在活动领域外提供了信誉,名人可以将物质商品作为公共关系或者代言活动的一部分来销售,也可以将特定的政治观念通过媒介渠道影响大众,从而获得良好的社会形象和大众的好感。

第二个视角是全球化和信息技术的转变，使得"名人外交官"搭上了技术革命的便车，名人可以立即与各种各样的观众建立联系，电子媒介和博客等为全球观众提供了几十年前无法想象的大量联系。

第三个视角我们放在世界之上，外交本身的矛盾。过去或者现在的官方角色提升与全球偶像地位间的区别已经变得模糊，正式外交官和名人外交的影响力皆不可忽视，名人效应带来的明星与政治名人间的身份并不是不可转换的[①]，如2003年施瓦辛格从影33年后成功竞选加州州长，又如2011年卸任的美国总统前里根曾是好莱坞著名演员。互联网与新媒体的出现，使名人的政治属性逐渐外化，更能直接影响政治。2019年2月，运动品牌安德玛（Under Armour）的CEO凯文·普朗克（Kevin Plank）因为在采访中赞美了特朗普总统而被舆论推向风口浪尖。更尴尬的是，品牌目前最炙手可热的代言人、NBA球员斯蒂芬·库里（Stephen Curry）在第二天以新闻发布会形式公开反对。

二、名人行为影响国际关系

名人在国际舞台上的活动彰显了外交的适应性。它们的作用得到加强，不仅在正式结构方面，而且在非正式精英动力的融合方面。当名人通过参与跨国政策制定来争取认可和支持时，政治精英们则利用名人来提高自己的可信度。诸如在2016年第58届美国总统竞选中，"好莱坞"明星团体中绝大多数人

[①] Cooper, A. F. and Frechette L, "Celebrity Diplomacy (1st ed.)," London: Routledge, 2008.

都表示支持希拉里，并有相当多明星愿意在公开场合为希拉里背书。伊斯特伍德在一次采访中说："我们身处在一个懦夫当道的时代。"他表示自己并不欣赏特朗普这个人，也不认可他的执政方略，只是选一个不那么糟糕的罢了。在品牌 Supreme 团队公开表示支持后，篮球明星詹姆斯以及 J. R. 史密斯，凯蒂·佩里（Katy Perry）、阿黛尔（Adele Adkins）、马克·雅可布（Marc Jacobs）以及《时尚》的主编安娜·温图尔（Anna Wintour）都曾公开表示支持希拉里。这种相互作用通过名人可以产生的宣传、象征和物质资源的结合而得到巩固。①

同时名人在宣言政治立场时，常常带有强烈的世界属性。名人潮直接瞄准了全球治理、全球公平和全球监管问题等领域。不少好莱坞演员诸如奥黛丽·赫本曾担任联合国不同机构的亲善大使，为全球问题的治理做出了巨大贡献。名人大众文化给国际关系带来的是一种非国家主义的议程设置，将大众视角重新聚焦回全球化问题本身，如 2005 年宝莱坞演员阿米塔布·巴克强成为联合国儿童基金会亲善大使，并呼吁大众关注南半球与非洲的小儿麻痹症和艾滋病传播问题。除与国际组织的合作外，明星本身的商业价值和影响力也能帮助解决全球问题，最常见的方式就是通过大众媒介的直接呼吁参与募捐活动，最具代表性的例子是 1985 年 3 月 6 日迈克尔·杰克逊发起的"天下一家"活动推出的名为《天下一家》的歌曲，这是当年 45 位美国最著名的歌手为了赈济非洲灾民，在 1985 年 1 月 28 日连夜录制的公益歌曲，这首歌推出后在全球 8000 个

---

① Corner J , Pels D, "Media and the restyling of politics: Consumerism, celebrity and cynicism," SAGE Publication Ltd, 2003.

电台同时播出，十几个国家相继发起了同唱《天下一家》活动，歌曲登上了美国流行曲排行榜冠军位置，唱片销量达到 750 万张，销售收入 6500 万美元，收入全部用于购买人道主义物资赈济非洲灾民，显示了大众文化在推动国际慈善合作方面的巨大影响力。